LE CHRISTIANISME

ET

LA RÉVOLUTION FRANÇAISE

CHRISTIANISME

CAHIERS PUBLIÉS SOUS LA DIRECTION DE P.-L. COUCHOUD

le christianisme

et la

révolution française

par

A. AULARD

D F. RIEDER ET Cⁱᵉ, ÉDITEURS

7, PLACE SAINT-SULPICE, 7

PARIS

CHRISTIANISME

7.

CHRISTIANISME
CAHIERS PUBLIÉS SOUS LA DIRECTION DE P.-L. COUCHOUD

LE CHRISTIANISME

ET LA

RÉVOLUTION FRANÇAISE

PAR

A. AULARD

F. RIEDER ET Cⁱᵉ, ÉDITEURS
7, PLACE SAINT-SULPICE, 7
PARIS
M. CM. XXV

AVANT-PROPOS

PENDANT *la Révolution française, le christianisme a couru un risque grave. Il a été ébranlé
par la violence, il a plié, et peut-être aurait-il été
déraciné, si la violence avait pu continuer son effort.*

*Sous la forme du culte de la Raison, puis sous la
forme du culte de l'Etre suprême, une déchristianisation de la France fut commencée en 1793 et
en l'an II. On voulut d'abord défendre la patrie
et la Révolution, dont les prêtres en général paraissaient devenus ennemis. Il sembla qu'on ne pouvait
annihiler ces prêtres qu'en bousculant leurs autels.
Cette bousculade fut l'œuvre du patriotisme révolutionnaire, avec le concours d'un mouvement de libre-
pensée, provoqué depuis longtemps par l'intolérance
de la religion d'Etat, et stimulé, propagé par des
philosophes comme Voltaire. La masse rurale,
illettrée, laissa faire, dans presque tout le pays,
par une indifférence qui donne presque à croire
qu'elle n'avait jamais peut-être été profondément
christianisée. Il est remarquable que la fermeture
ou la souillure des églises n'ait amené aucune*

de ces jacqueries sérieuses, comme en avait amené, peu auparavant, la persistance de certains droits féodaux sous la Révolution. Si le succès de la défense nationale avait tardé, si une victoire libératrice comme celle de Fleurus n'avait été remportée que quelques mois plus tard, on peut se demander si la continuation de la Terreur, en tant que déchristianisatrice, n'aurait pas mis en échec peut-être mortel la religion catholique en particulier, et même le christianisme en général.

Naguère, en des études partielles, j'ai exprimé un sentiment un peu différent. Il me semblait que le christianisme était alors indestructible dans la conscience des Français. Depuis, j'ai lu plus de documents. Aujourd'hui que je vois peut-être mieux l'ensemble des faits, je suis plus frappé de la facilité avec laquelle le peuple français commençait à perdre, en 1794, ses habitudes de culte.

Cette périlleuse aventure du christianisme, lors du culte de la Raison et du culte de l'Etre suprême, c'est l'épisode saillant de l'histoire religieuse de la Révolution française.

Il fut précédé d'une tentative contraire, celle de lier plus fortement l'Eglise gallicane à l'Etat : c'est la Constitution civile du clergé. Il fut suivi d'une tentative de liberté et de laïcisation ; c'est le régime de la séparation de l'Eglise et de l'Etat, qui dura sept années, et auquel le Concordat mit fin. Voilà ce que j'ai voulu conter, aussi brièvement que possible, en ne signalant que les faits essentiels, et en les enchaînant.

Je dis christianisme, quand il est surtout question du catholicisme. Mais les deux Eglises protestantes françaises, la luthérienne et la réformée, furent atteintes, elles aussi, par le mouvement antireligieux de 1793 et de l'an II. C'est donc tout le christianisme qui, à un moment grave, quand la France nouvelle se formait, s'est trouvé mis en cause.

La bibliographie d'un tel sujet est immense. J'ai des quantités de prédécesseurs [1]. *Il faudrait un volume plus gros que celui-ci pour énumérer les livres, les recueils, les auteurs, même en se bornant à ceux qui ont quelque importance. J'ai indiqué, comme références, beaucoup de sources dans différents écrits antérieurs, où j'ai développé quelques parties d'un sujet qu'aujourd'hui j'aborde dans l'ensemble, — par exemple dans mon* Histoire politique de la Révolution française, *dans mes* Études et Leçons, *2e et 5e séries, dans mon livre :* Le culte de la Raison et le culte de l'Etre suprême. *Mes principales sources sont les lois, les grands recueils de textes, les documents contemporains, publiés ou inédits. Je n'ai pu lire tous ces documents, mais seulement ceux qu'on peut lire dans une vie d'homme. Cependant, il y a quelques écrits de notre temps qui m'ont beaucoup servi, comme l'intéressante thèse de doctorat de M. l'abbé Giraud sur l'histoire*

---

1. Le plus illustre de ces prédécesseurs, Edgar Quinet, a publié, en effet, un livre intitulé comme le mien : *Le christianisme et la Révolution française.* Mais il s'est placé surtout à un point de vue philosophique ; je me place au point de vue historique, et c'est un récit que je fais.

religieuse du département de la Sarthe pendant la Révolution ou comme l'instructive histoire de la petite ville de Beaumont-du-Périgord, par M. L. Testut : j'y ai trouvé des aperçus sur la foi religieuse des paysans dans deux régions de la France. J'ai aussi puisé aux précises monographies de M. Armand Lods sur les églises protestantes pendant la Révolution.

J'ai essayé d'être impartial. Je crois l'avoir été. J'ai évité, autant que j'ai pu, les hypothèses, le vague, les généralisations téméraires, les assertions trop absolues. C'est très difficile, quand il s'agit de religion.

A. AULARD.

Février 1925.

LE CHRISTIANISME ET LA RÉVOLUTION FRANÇAISE

CHAPITRE PREMIER

LE CHRISTIANISME A LA FIN DE L'ANCIEN RÉGIME ET AU DÉBUT DE LA RÉVOLUTION.

I. Le catholicisme religion d'État. Tolérance ancienne à l'égard des Juifs ; tolérance récente à l'égard des protestants. — II. Organisation de l'Église gallicane ; ses richesses, ses privilèges, son prestige. — III. La foi et l'incrédulité. — IV. Exemple du pays manceau. — V. L'attitude des philosophes : Voltaire, Raynal. — VI. La religion dans les Cahiers.

I. — A la fin de l'ancien régime et au début de la Révolution, le christianisme semblait florissant en France.

La religion catholique, apostolique et romaine y était dominante. C'était la religion du roi, qui s'appelait *roi très chrétien*. C'était la religion de cette nation que les papes appelaient *fille aînée de l'Eglise*. Les Français étaient censés n'avoir qu'une seule et même religion, la catholique. L'unité religieuse, à laquelle Louis XIV et Louis XV avaient tant travaillé, paraissait réalisée, et c'était plus qu'une apparence, puisqu'il n'y avait que fort peu de non-chrétiens, et que les non-catholiques n'étaient pas en très grand nombre.

Les non-chrétiens, c'étaient les juifs ; on les tolérait, et ils formaient des groupes, établis dans le Sud-Ouest, dans l'Est, à Paris, et individuellement çà et là, en beaucoup de villes. Mais leur existence n'altérait pas l'unité religieuse du royaume, puisqu'on ne les considérait guère comme Français. Ils ne faisaient point de propagande, ils n'étaient pas populaires, on ne cite pas de catholique qui quittât sa religion pour embrasser la leur. Les papes ne redoutaient pas la religion israélite ; ils avaient même favorisé à Carpentras une colonie juive, qui avait essaimé en France.

Pour l'Église gallicane, le grand danger du schisme protestant semblait conjuré depuis la révocation de l'édit de Nantes, depuis l'émigration des calvinistes en grand nombre, depuis le système de terreur, continué par Louis XV, au profit de l'Église catholique.

Cependant il y avait quelque chose de changé, à la veille de la Révolution. Depuis l'édit de novembre 1787, il était permis de se dire protestant, et une sorte d'état civil était accordé aux non-catholiques. Mais les protestants n'avaient pas obtenu la complète liberté de conscience, ils ne pouvaient pas exercer leur culte publiquement, et leur hérésie était officiellement comme une honte que l'on cachait en la tolérant, ou, pour mieux dire, qu'on ne tolérait qu'en la cachant. L'unité de l'Église gallicane n'en paraissait pas altérée.

Quel était alors le nombre de ces calvinistes français ? Il n'y a pas de statistique sérieuse. Voltaire parle de cent mille familles ; Condorcet, d'un million d'individus ; d'autres, de cinq à six-cent mille. Ce chiffre doit se rapprocher de la réalité en le dépassant un peu. Car un dénombrement officiel, en 1802, donna un total de 479, 312 protestants dans le territoire de l'ancienne France. Les protestants résidaient surtout dans ces régions du Midi et de l'Ouest où ils avaient jadis dominé. Il y en avait dans les grandes villes, notamment à Paris. Peu de paysans, peu d'ouvriers ; une élite d'intelligence et de fortune.

Ils étaient estimés dans les milieux intellectuels que nous appellerions libéraux, là où les écrits des « philosophes » étaient lus, là où, consciemment ou inconsciemment, se préparait une révolution, ils étaient, dis-je, estimés, non seulement comme martyrs, comme victimes du despotisme, mais aussi comme dépositaires de la vraie morale évangélique, ou comme des sortes de rationalistes chrétiens, et il semblait que favoriser les protestants, ce fût un des moyens de combattre ou de réfréner le despotisme de l'Église.

Ces sentiments avaient pénétré jusque dans la politique royale. Il est remarquable, et c'est un signe des temps, qu'à deux reprises Louis XVI ait placé à la tête de son gouvernement un calviniste, Necker. Sans doute, si Necker eût été Français, son calvinisme aurait paru choquant dans la fonction de premier ministre. Sa qualité d'étranger et de Genevois, en un temps où le patriotisme n'était pas si exclusif qu'aujourd'hui, fit accepter sa qualité de protestant. Cette qualité cependant fut visible, et je ne vois même pas que le clergé ait protesté en corps, quand le roi, pour sauver son royaume en péril, fit cet appel à un hérétique. Objet d'enthousiasme populaire, non certes comme hérétique, mais comme ennemi, puis comme victime du despotisme, Necker servit, par sa présence au pouvoir, le prestige du protestantisme, sans cependant que le majestueux appareil extérieur de l'unité catholique française en fût d'aucune façon altéré ou ébranlé dans l'imagination populaire.

Il y avait une province du royaume, mais acquise depuis à peine un siècle, où régnait une liberté de conscience, et où, sous le roi, l'hérésie vivait en paix avec la vérité, côte à côte, et parfois dans les mêmes temples. C'était l'Alsace, où les luthériens (au nombre d'environ 220.000 contre environ 450.000 catholiques, d'après l'historien Rodolphe Reuss) avaient le droit d'exercer librement leur culte, et en effet l'exerçaient ainsi, n'ayant à se défendre que contre des tracasseries. Mais l'Alsace ne semblait pas alors aussi incorporée à la personnalité de la France qu'elle le fut en 1790, quand, aux fédérations, elle jura spontanément et librement le pacte national. On ne voyait guère cette exception à l'unité, et cette unité resplendissait dans l'Église gallicane.

Cette Église avait été agitée jadis par des querelles doctrinales assez bruyantes. En 1789, le jansénisme et la bulle *Unigenitus* n'étaient certes point oubliés, mais on n'en parlait plus guère. Il y avait encore des jansénistes, laïques ou clercs, mais ils se taisaient. Ils avaient eu la satisfaction de voir leurs mortels adversaires, les Jésuites, privés par Louis XV du droit d'enseigner, puis supprimés par le pape en tant que société. Ces querelles étaient donc assoupies, et, dans son unité, l'Église était tranquille.

II. — Une et pacifiée, peu inquiète de la tolérance accordée depuis peu aux protestants français (quoiqu'elle s'en plaignît), ou de la liberté maintenue aux protestants d'Alsace, l'Église gallicane offrait aux yeux et aux esprits l'éclat d'une puissance sans rivale.

Son prestige n'était en rien diminué, devant l'opinion populaire, par le fait que le clergé se divisait, par rapport au pouvoir royal, en deux groupements ; le *clergé de France* et le clergé dit *étranger*. Le clergé de France était celui des provinces qui faisaient partie du royaume en 1561, et qui étaient représentées à ces « Assemblées du clergé » où se discutait la redevance dûe au roi sous le nom de don gratuit, et où l'autorité, l'importance de ce clergé se manifestaient par des conseils, des vœux, des remontrances. Le clergé étranger était celui des provinces réunies depuis le XVIe siècle : Artois, Flandre, Hainaut, Alsace, Franche-Comté,

Roussillon et Corse. Mêmes privilèges que le clergé de France, mêmes sentiments, même attitude, non seulement religieuse, mais politique.

Si l'opinion populaire ne tenait aucun compte de cette division géographique, elle distinguait, dans l'Église gallicane, les séculiers d'avec les réguliers, ayant plus d'estime pour ceux-là que pour ceux-ci, et, dans le clergé séculier, elle distinguait le haut clergé, riche et hautain, d'avec le bas clergé, pauvre et simple. Beaucoup d'évêques étaient gentilshommes ; beaucoup de curés ou de vicaires étaient peuple. Tendances aristocratiques dans le haut clergé, tendances démocratiques dans le bas clergé. Mais les liens de la hiérarchie étaient solides et visibles. La différence d'opinion entre le bas clergé et évêques ou archevêques n'était que politique ou sociale, nullement religieuse, et, s'il y avait des curés mécontents de leurs évêques, l'ensemble de ce grand corps se mouvait avec harmonie.

Quant au clergé régulier, il était en décadence. Il se recrutait mal. On n'a pas de statistique sûre. Mais on a des chiffres de détail. Par exemple, les différents ordres de Bénédictins étaient tombés de 6.434 en 1770 à 4.300 en 1790. On parlait d'un relâchement général de la discipline et des mœurs. Une Commission de réguliers, formée d'ecclésiastiques et de laïques, et qui fonctionna de 1766 à 1780, éleva l'âge des vœux à 21 ans pour les hommes, à 18 ans pour les filles. Elle supprima neuf ordres, et s'en tint là. La décadence continua, et aussi l'impopularité, mais une sorte d'impopularité vague, non haineuse, et qui ne s'étendait pas à tous les individus. Le chartreux dom Gerle sera à une place d'honneur dans le tableau du serment du jeu de paume par David.

Malgré cette décadence du clergé régulier, l'Église gallicane fait grande figure dans son ensemble.

Entre le pape et le roi, entre Versailles et Rome, cette Église gallicane, jadis tiraillée par ces deux puissances, se sent maintenant en équilibre, dans une sorte d'indépendance. Depuis que les Jésuites ont dû interrompre leur action, l'ultramontanisme est moins militant, et le clergé français s'en tient à un gallicanisme modéré. Le régime du Concordat fonctionne, à la veille de la Révolution, sans difficultés sérieuses, sans incidents graves.

C'est une Église riche, que l'État ne salarie pas, et qui vit de ses richesses. Elle ne jouit pas seulement de la dîme, impôt légal à son profit exclusif; elle ne jouit pas seulement des offrandes et aumônes des fidèles : elle possède d'importants biens fonciers, une partie du sol de la France. Quelle partie ? On n'a jamais pu le savoir au juste. Le clergé n'étalait pas sa richesse. Sous la Constituante, quand l'État mit la main sur les biens ecclésiastiques, il n'y eut que de vagues évaluations. Le constituant Rabaut Saint-Étienne disait que l'Église possédait un cinquième du sol, et le constituant Treilhard en estimait la valeur à quatre milliards. Sur le montant du revenu, les constituants ne parvinrent pas à s'entendre. Talleyrand l'évaluait à 150 millions, dont 70 pour le produit des propriétés, et 80 pour les dîmes ; Treilhard, à plus de 200 millions ; Chasset, à 303 millions. On savait seulement que l'Église était fort riche, et l'idée, exagérée ou non, qu'on avait de cette richesse ajoutait au prestige de l'Église, à la veille de la Révolution.

Sans ajouter cependant à sa popularité, au contraire. Mais on ne lui reprochait pas tant d'être riche, que de mal user de sa richesse. La pauvreté du bas clergé, des prêtres qui avaient charge d'âme, scandalisait, par l'injustice flagrante, par le contraste avec le luxe des hauts dignitaires, des évêques et archevêques, luxe parfois insolent. Le bien d'Église attribué à un ecclésiastique en raison de sa fonction s'appelait *bénéfice*. En beaucoup de paroisses, le titulaire du bénéfice, qu'on appelait parfois *curé primitif*, jouissait du bénéfice, sous toutes ses formes, dîme ou revenu, sans exercer la fonction. Un autre prêtre, vicaire ou desservant, exerçait la fonction à sa place, avec des émoluments que lui payait le bénéficier, et ce salaire s'appelait *portion congrue*. En dépit de plusieurs actes royaux, qui fixèrent un minimum, par exemple 400 livres, il arriva que beaucoup de curés à portion congrue ne touchèrent qu'un émolument annuel bien inférieur à ce minimum, ou ne vécurent même que de la charité des fidèles, et souffrirent de la misère. Ces souffrances ne furent pas étrangères à la formation d'un esprit révolutionnaire dans le bas clergé. Elles expliquent en partie, et le succès même de la Révolution, succès que le bas-clergé accéléra, et indirectement les aventures, le grave danger par où passa le christianisme lui-même à cette époque.

Malgré cette injuste répartition de ses revenus, l'Église gallicane n'en puisait pas moins de la force dans sa richesse. Sans doute, elle n'en disposait pas avec une complète indépendance, puisque le roi avait le droit de nommer à une quantité de bénéfices, réguliers ou séculiers. Un ecclésiastique, fontionnaire royal, tenait pour le roi ce qu'on appelait la *Feuille des bénéfices*, et, par ces nominations, qui donnaient au roi une grande influence, l'État intervenait dans les affaires de l'Église, et y intervenait fortement. D'autre part, pour les bénéfices consistoriaux, c'est-à-dire pour ceux (évêchés, abbayes) dont les bulles ou provisions n'étaient accordées par le pape qu'après délibération dans le consistoire des cardinaux, les titulaires devaient payer au pape, sous le nom d'*annates*, une redevance équivalente en principe à la moitié des revenus d'une année. Cet envoi de deniers en cour de Rome, auquel la Révolution mit fin, était fort impopulaire et l'avait toujours été. La somme ainsi payée au pape n'était pas très forte, peut-être trois millions en 1789, mais on répugnait à la payer, c'était une répugnance pour ainsi dire nationale, historique. Toutefois, malgré l'ingérence de l'État dans l'administration de sa fortune et malgré le subside qu'exigeait le pape, l'Église gallicane jouissait d'une suffisante autonomie financière, comme elle jouissait d'une suffisante richesse.

On ne saurait exagérer la grandeur de la place que le clergé tenait dans la nation d'alors. Des trois ordres de l'État, il était le premier par le rang et l'honneur. Privilégié en tout, il l'était particulièrement en matière d'impôts. Exempté en principe, totalement exempté, il accordait librement, ou du moins avec une majestueuse apparence de liberté, un « don gratuit » au roi, don qu'il délibérait dans ses périodiques Assemblées générales. Il entretenait auprès du roi un agent général, qui était comme un ministre sans portefeuille. Il tenait, lui seul, les registres de l'état civil. Le nombre et l'éclat de ses Universités, le nombre et l'éclat des œuvres d'assistance, toutes ses richesses, tous ses privilèges, toute son influence, qui se mêlait à tout, faisait de cette Église gallicane, surtout si on la considère dans le haut clergé qui la dirigeait et la représentait, une puissance aussi forte que majestueuse.

III. — La religion catholique, si brillamment représentée par l'Église gallicane, vivait-elle fortement dans l'âme du peuple français, à la veille de la Révolution ?

Si on lit les écrits de Voltaire, et si on en constate le succès, on s'imagine aisément que la foi s'en va, sous Louis XV, sous Louis XVI. Toute la société polie, ou presque toute, la cour, la ville, comme on disait, tout ce monde spirituel et brillant qui personnifie la France aux yeux de l'étranger applaudit aux impiétés de l'auteur de la *Pucelle*, à ses injurieuses et drôlatiques ironies contre le christianisme, contre ses dogmes, ses cérémonies, ses ministres. L'incrédulité s'étale dans les milieux où on lit. De jeunes nobles, comme l'infortuné chevalier de La Barre, s'amusaient au sacrilège, dans le milieu même du siècle. Prédicateurs en chaire, évêques dans leurs mandements ne font que dénoncer les progrès de l'impiété. C'est une mode d'être impie, mode suivie par la noblesse, surtout de cour : un grand seigneur pieux, même un Bourbon pieux, comme le fut Louis XVI, est singulier, et sa piété étonne.

Ce ne sont pas les philosophes qui ont créé cette incrédulité, c'est cette incrédulité qui a excité les philosophes à écrire ainsi contre la religion, certes avec sincérité et plaisir, mais ils eussent été moins hardis, s'ils n'avaient eu cette galerie applaudissante, excitante. Je ne sais pas si la haute société était plus foncièrement impie sous Louis XV et sous Louis XVI que sous Louis XIV. Peut-être l'était-elle moins, en ce sens qu'on entend moins parler d'athéisme et d'athées. Quand on a lu les sermons de Bossuet, le *Don Juan* de Molière, le chapitre de La Bruyère sur la religion, on ne peut guère douter que l'athéisme ne fût plus répandu au temps du grand roi qu'au temps de Voltaire, dont la philosophie déiste est à la mode dans la société polie.

On a beau remonter dans l'histoire de France,

on n'arrive pas, même en plein moyen-âge, à trouver une époque de piété générale, solide, profonde, tenant tout l'homme, tenant tout le peuple. Il y a toujours eu en France une libre pensée frondeuse, satirique. Elle s'exprime parfois, cette incrédulité gouailleuse, au portail même des cathédrales, dans les grimaces des statues, comme elle s'exprime dans les fabliaux, dans la littérature satirique.

Le peuple de France n'est pas un peuple pieux, comme on dit que l'est le peuple espagnol, — lequel d'ailleurs ne me paraît peut-être si pieux en son histoire que parce que je connais mal cette histoire.

La France était alors une grande paysannerie. Ces bourgeois, ces ouvriers des villes, ces gens qui lisaient, ce n'était qu'un petit nombre par rapport à la grosse masse des paysans, masse illettrée.

La religion dominait-elle dans le cœur des paysans sous Louis XVI ? Dans ces campagnes sans routes, sans nouvelles, où l'esprit de la ville ne rayonnait pas, les paysans avaient-ils gardé ce qu'on appelait la foi de leurs pères, l'avaient-ils gardée intacte et ardente ? Il faut bien se poser cette question et tâcher d'y répondre, si on veut savoir quelles ont été les chances rurales de succès pour la grande tentative de déchristianisation à l'époque de la Terreur.

Oui, il faut se poser cette question, mais en vérité il n'est pas facile d'y répondre.

Et d'abord, avant de se demander si la foi du paysan français a été ébranlée, diminuée, attiédie, aux approches de la Révolution, il faudrait peut-être se demander si les ancêtres de ce paysan avaient jamais été christianisés, dans le sens vrai et profond du mot. Quand le christianisme se répandit en Gaule, quand il passa des villes aux campagnes, opéra-t-il dans le peuple rural une de ces conversions qui renouvellent l'homme ? Ou est-ce qu'il se superposa un peu artificiellement et extérieurement aux croyances d'alors, qu'il appela superstitions ? Dans ce soin que prirent les convertisseurs d'utiliser les habitudes locales, en ne changeant guère que des noms, est-ce que le paysan français sentit vraiment qu'il changeait de religion ? En a-t-il vraiment et profondément changé ? Voilà peu d'années qu'en une campagne reculée du centre de la France, j'assistai aux funérailles d'un paysan, où le cortège fit quatre kilomètres avant de joindre l'église et le curé, quatre kilomètres sans christianisme, une heure et demie de marche à pas lents où parurent des rites, des gestes évidemment antérieurs au christianisme, et que ces paysans étaient unanimes à pratiquer, comme par hérédité inconsciente.

J'ai eu, ce jour-là, l'impression que, dans nos campagnes éloignées des villes (celle-là en est fort éloignée), le christianisme est encore mal ajusté à la chose ancienne, et à coup sûr ne l'a point tout à fait exterminée.

Je ne veux point généraliser sur un incident, sur une anecdote, même authentique (puisque je parle en témoin). J'ose seulement me demander si, quand on parle de la foi du paysan français, c'est bien la vraie foi chrétienne, la foi du catéchisme, dans sa pureté originale, et s'il ne s'y mêle pas un fort fond antérieur d'ancienne croyance.

IV. — Pur ou contaminé, ce christianisme était entré dans les habitudes du paysan. Si on prend les choses dans l'ensemble et superficiellement, il n'est pas exagéré de dire que la foi, en 1789, était plus répandue, plus vivace, dans les campagnes que dans les villes.

Cette foi était faite d'habitude, et aussi d'amitié.

Le paysan aimait ce bas-clergé, ces curés, ces desservants, ces vicaires, avec qui il vivait familièrement, et qui étaient peuple comme lui.

On a bien des preuves de cette amitié.

M. l'abbé Giraud, auteur d'une récente et fort instructive thèse de doctorat sur l'*Histoire religieuse de la Sarthe de* 1789 *à l'an IV*, a étudié et montré cette amitié dans le diocèse du Mans. Les raisons qu'il en donne semblent pouvoir s'appliquer à toute la France. Le clergé était populaire, à cause de sa bienfaisance, à cause de sa culture intellectuelle, qui brillait dans un milieu d'ignorance, même quand elle était médiocre, en outre à cause de ses écoles, bien qu'elles fussent plus nombreuses que bonnes, et que le paysan ne sût généralement ni lire ni écrire.

L'importance et l'influence du clergé dans les campagnes venaient aussi du fait que, célébrant les naissances, les mariages, les morts, les curés sont à la fois ministres du culte et fonctionnaires

publics. Ce cumul était si bien dans les habitudes
que, même quand l'état civil eut été laïcisé (par
la loi du 20 septembre 1792), on continua, dans la
Sarthe, à choisir les curés pour officiers de l'état
civil jusque vers le milieu de l'an II.

Mais surtout le curé de campagne est « le mis-
sionnaire de l'hygiène, l'interprète des avis officiels au cours des épidémies, l'homme des premiers
secours », dans un temps où il y avait peu de méde-
cins dans les campagnes.

Les Manceaux sont très attachés aux ministres
de la religion.

M. l'abbé Giraud se demande s'il est légitime d'en
inférer que la population sarthoise « fût à peu près
unanime à pratiquer la religion catholique, à en
suivre les offices, à en observer les prescriptions ».

Le terme de « communiants », employé pour
recenser les croyants fidèles, est un terme vague et
qui n'indique pas une pratique réelle. M. Giraud a
réuni des témoignages de curés, soit à la veille de la
Révolution, soit pendant la Révolution, et on y
voit beaucoup d'exceptions à la pratique générale
de la foi. Ainsi le curé de Thoigné, dans un mémoire
au district, dit que, bien avant 1792, une partie
de ses paroissiens « avait contracté la mauvaise
habitude se de passer des sacrements ». Le curé de
Changé signale une minorité qui ne les reçoit qu'une
fois l'an, ou même s'abstient. Dans la ville du Mans,
il y a beaucoup d'abstentions. En thermidor an III,
le juge de paix du canton de Bessé signale que les
plus assidus maintenant aux offices sont ceux qui

s'abstenaient à la fin de l'ancien régime, et nous fait donc ainsi connaître qu'en 1789 il y avait à Bessé des gens qui ne pratiquaient pas.

Malgré toutes les lois contre les cabaretiers, il y a, dans les campagnes, des cabarets ouverts et fréquentés pendant les offices. On observe de moins en moins le carême. Dans une instruction pastorale de 1789, l'évêque du Mans dit : « La transgression est devenue presque générale. L'homme peu aisé en renvoie l'observance au riche, l'artisan à l'homme désœuvré, et le grand se prévaut de son rang, le riche de son opulence pour s'en exempter. L'abus est monté à un tel point qu'on peut le regarder comme une des marques les plus sensibles de la dépravation des mœurs dans ce royaume. Inutilement chercherait-on parmi nous le Carême, on ne l'y trouverait plus. »

Les confréries disparaissent une à une. Ainsi, dès 1774, le curé de Changé note que celle de sa paroisse s'est dispersée, par suite du progrès « de l'ivrognerie, de l'impiété, des danses ».

Les vocations cléricales se font plus rares dans le diocèse du Mans. Au début du xviiie siècle, la moyenne annuelle des ordinations y était de 49 ; elle n'était plus que de 39 dans les années 1784 à 1788.

Il semble qu'à la veille de la Révolution, il y eût en France, même dans les campagnes, une petite minorité d'incrédules, une forte minorité d'indifférents, et, si la pratique de la religion était générale, on voyait trop d'exceptions, avec une sorte de mollesse ou d'irrégularité chez beaucoup de croyants, en somme pas assez de foi pour qu'une tentative de déchristianisation fût absolument impossible, assez d'habitudes enracinées pour qu'une telle tentative fût fort malaisée, ou ne pût réussir que si les circonstances dégoûtaient le peuple de ses prêtres.

V. — Personne ne songeait alors, en 1789, à déchristianiser la France.

Voltaire lui-même, qui en ses lettres intimes, parlait d'écraser « l'infâme », c'est-à-dire l'Église, n'en voulait détruire, pour l'instant, que le despotisme. Il croyait qu'il fallait une religion pour le peuple, et autant celle-là qu'une autre, du moins tant que le peuple serait ignorant, c'est-à-dire pendant un temps fort long. C'était aussi l'opinion de Buffon et des philosophes. Rousseau, qui se dit ennemi des philosophes, ne voulait que simplifier le christianisme et le ramener à ses origines.

Ouvertement, les philosophes se demandent ni le changement ni la destruction de la religion catholique, mais seulement qu'elle ne soit plus opprimante. Ils demandent, par une formule qu'au XVIe siècle Montaigne avait lancée, la liberté de conscience. Ou plutôt ils ne la demandent qu'en principe. Bien qu'ils voient des exemples d'application de cette liberté en Hollande, bien qu'elle soit même pratiquée dans une province du royaume, en Alsace, ils ne réclament publiquement, que la tolérance. Qu'est-ce que la tolérance ? C'est l'attitude de la vérité religieuse en face de l'erreur. Soyons bons, indulgents pour les gens qui se trompent ; ne les persécutons pas, ne les violentons pas. Voilà la tolérance. La liberté de conscience, c'est quand chaque individu a un droit égal à penser ce qu'il veut, à exercer sa religion ou à n'en exercer aucune, le gouvernement étant neutre, étranger aux confessions religieuses, laïque en un mot. Cette liberté-là, elle était la conséquence évidente de la philosophie du XVIIIe siècle ; mais les philosophes ne la demandaient pas, ou du moins ne la demandaient pas catégoriquement.

Voltaire ne recommande point, pour une époque prochaine, la séparation de l'Église et de l'État. Si, dans une lettre privée, il vante le temps idéal où le gouvernement ne s'occuperait pas plus de la façon de prier Dieu que de celle de faire la cuisine, il dit dans un écrit public : « Voulez-vous que votre nation soit puissante et paisible ? Que la loi de l'État commande à la religion. »

La religion, il faut l'épurer, la simplifier, mais surtout il faut avoir de bons curés, plutôt officiers de morale que théologiens. C'est l'État seul qui peut et doit faire cette épuration, cette simplification. Loin de vouloir séparer l'Église de l'État, les philosophes voudraient les unir plus étroitement, afin que l'État commande à l'Église. Pour eux, la religion, c'est chose d'État.

Un des plus influents et des plus militants libres-penseurs d'alors s'abritait sous une soutane, je veux parler de l'abbé Raynal. Il écrivait en 1780 :

« L'État, ce me semble, n'est pas fait pour la religion, mais la religion est faite pour l'État : premier
principe. L'intérêt général est la règle de tout ce
qui doit subsister dans l'État : second principe.
Le peuple, ou l'autorité souveraine dépositaire
de la sienne, a seul le droit de juger de la confor-
mité de quelque institution que ce soit avec l'intérêt général : troisième principe. » Il en concluait
que l'État avait le droit « de proscrire le culte établi, d'en adopter un nouveau, ou même de se passer
du culte, si cela lui convient ». Raynal ne demandait
pas que l'État usât de ce droit, mais il le proclamait
en vue de resserrer le lien qui unissait l'Église à
l'État, d'en faire un solide lien de subordination.
Il concluait : « L'État à la suprématie en tout.
La distinction d'une puissance temporelle et d'une
puissance spirituelle est une absurdité palpable ;
et il ne peut et ne doit y avoir qu'une seule et
unique juridiction, partout où il ne convient
qu'à l'autorité publique d'ordonner et de défendre. »

De tous ces philosophes, celui peut-être qui
avait le plus d'avenir dans l'esprit, Condorcet,
sentait bien que la Séparation était le vrai régime
de liberté, et il écrivait en 1786 : « Puisque le culte
est nécessairement le résultat des opinions religieuses sur lesquelles chaque homme ne peut avoir
de juge légitime que sa propre conscience, il paraît
que les dépenses du culte doivent être faites volon-
tairement par ceux qui croient les opinions sur
lesquelles le culte est fondé. » Mais il ajoutait :
« Il n'en est pas moins vrai que, si le peuple est

accoutumé à voir prendre sur les fonds publics les frais du culte et à recevoir ses instructions de la bouche des prêtres, il y a du danger, et même une sorte d'injustice à choquer ses habitudes par une réforme trop prompte, et c'est un de ces cas où, pour agir avec justice en suivant la voie de la vérité, il faut attendre que l'opinion commune s'y soit conformée. »

On le voit, Condorcet lui-même, ce hardi précurseur (qui d'ailleurs n'était pas alors un des grands conducteurs de l'opinion), n'est partisan de la séparation de l'Église et de l'État qu'en théorie ; il en ajourne indéfiniment la mise en pratique, et il se résigne, pour un long provisoire, à ce qu'il y ait une religion d'État.

Ce que nous appelons, par un néologisme qui ne date guère que d'une cinquantaine d'années, la laïcité, je ne dis pas que les philosophes n'en avaient pas l'idée, mais il est sûr qu'ils ne demandaient pas alors l'établissement d'un régime laïque tel que celui que la Convention finira par établir.

VI. — Les cahiers de doléances et de vœux que dressa le Tiers-État en 1789 sont encore moins hardis et moins exigeants en matière religieuse.

Je n'y trouve guère que quelques vœux de réforme ou de suppression des ordres religieux, qu'un peu de gallicanisme çà et là, et combien modéré ! Quelques plaintes aussi sur la richesse et le luxe du haut clergé. Aucune grande réforme

n'est demandée, pas même la laïcisation de l'état
civil. Même la tolérance religieuse est rarement
réclamée dans les cahiers du Tiers. C'est seulement dans le cahier de la sénéchaussée de Nîmes,
rédigé sans doute sous une influence protestante,
que j'ai trouvé un vœu net pour la liberté de penser,
en ces termes : « Il sera représenté, sur la liberté
de penser, que rien n'est plus digne de la sagesse
de S. M. que d'avoir permis la libre profession de
toute religion fondée sur la saine morale, seul
moyen d'éclairer les hommes et de les porter à la
vertu ; ouvrage sagement commencé par l'édit
de novembre 1787, et qui attend son complément
des vues supérieures de S. M. et du progrès des
lumières de la nation. » Mais ailleurs, quand le
Tiers parle de l'édit en faveur des protestants,
c'est plutôt pour demander qu'on s'en tienne là,
et que le catholicisme reste religion d'État, exclusivement. Ainsi le Tiers du bailliage de Sens proclame son plus ferme attachement « à la religion
catholique, apostolique et romaine et au maintien
exclusif de son culte dans tout le royaume, sous
l'observance néanmoins de la déclaration du roi
du mois de novembre 1787 en faveur des non-
catholiques ». Même à Paris, le Tiers ne veut que
la tolérance civile : « La religion chrétienne, dit-il,
ordonne la tolérance civile. Tout citoyen doit jouir
de la liberté particulière de sa conscience ; l'ordre
public ne souffre qu'une religion dominante. »
Dans le bailliage d'Orléans, nombreux sont les
cahiers du Tiers qui demandent que la religion

catholique soit dominante, ou même exclusive.
Le Tiers de Chaingy demande qu'il soit imposé
« le plus grand silence à tout sectaire qui oserait
proposer une tolérance impie, sous prétexte d'une
liberté qui, tôt ou tard, serait contraire à la tranquillité de la nation et au bonheur de son roi ».
« Qu'il ne soit donc pas plus permis, Sire, d'établir
des doutes sur votre croyance que sur la soumission
qui vous est dûe. La religion catholique est dominante en France ; elle n'y a été reçue que suivant
la pureté de ses maximes primitives ; c'est le fondement des libertés de l'Église gallicane. »

On peut donc dire qu'en 1789 il n'y avait pas
plus de laïcisateurs en France qu'il n'y avait de
républicains. Mais, de même qu'il s'était formé
une atmosphère républicaine, alors que les Français ne songeaient pas encore à détruire la monarchie, de même il s'était formé une atmosphère de
libre pensée, alors que les Français ne songeaient
encore ni à détruire la religion ni même à la
modifier dans ses dogmes, mais seulement à faire
que sa domination fût moins despotique, et aussi
à maintenir ce qu'on appelait les libertés de l'Église
gallicane, c'est-à-dire son indépendance relative
à l'égard du pape, par les vœux d'un gallicanisme
modéré.

CHAPITRE II

LA CONSTITUTION CIVILE DU CLERGÉ
1790-1792

I. La Révolution commençante a le concours du bas
clergé. — II. Premières mesures politico-religieuses
de la Constituante : dîmes, biens de l'Église, Déclaration des droits, suppression des ordres religieux. —
III. Refus de déclarer le catholicisme religion d'État.
— IV. Le pape condamne la Déclaration des Droits,
en mars 1790. — V. La Constitution civile : ses dispositions essentielles, son esprit. — VI. Naissance
d'une religion de la patrie, fédérations, autels. —
VII. Le pape se prononce contre la Constitution
civile. Le schisme est consommé. — VIII. Division
de l'Église gallicane en assermentés et insermentés ;
querelles. — IX. Troubles à Paris, et première proclamation de la liberté des cultes. — X. Application de cette liberté : insermentés, juifs, protestants.
— XI. Les insermentés prennent figure de contre-
révolutionnaires. — XII. Rigoureuses lois de la Législative contre ces réfractaires. Mesures de laïcisation.

I. — La Révolution commença avec le concours
du clergé catholique, surtout du bas clergé. Ce fait,
parfois oublié, est trop important pour qu'on ne
le rappelle avec précision.

A Versailles, aux États généraux, dans la querelle du Tiers-État avec les deux ordres privilégiés, au sujet de la vérification des pouvoirs, alors que la Noblesse refusait de les vérifier en commun et se constituait en chambre séparée, le Clergé ne voulut pas se constituer en chambre. Il attendit, il louvoya, il ne se prononça pas contre le Tiers, contre l'idée révolutionnaire de la réunion des ordres ; finalement, il prit en majorité, et avec éclat, parti pour le Tiers, pour la Révolution.

Les phases de cette attitude furent publiques, émouvantes, influentes.

Le premier geste eut lieu le 13 juin 1789. Le Tiers, las des vains pourparlers, avait décidé de procéder lui-même à la vérification générale des pouvoirs, en faisant d'abord l'appel de tous les députés. Seuls des députés du Tiers avaient répondu à cet appel, quand, le 13 juin, trois curés du Poitou, qui s'appelaient Lecesve, Ballard et Jallet, se présentèrent pour se réunir. Ils furent reçus avec un élan unanime de gratitude, avec un enthousiasme dont le bruit se répandit. Ce fut une scène de fraternité. Le lendemain 14, six autres curés se présentèrent, et en même temps on apprit qu'une centaine de curés s'étaient assemblés, en dehors de la Chambre de leur ordre, et avaient décidé de se réunir. Seules, les intrigues et les sournoises menaces du haut clergé les empêchaient de réaliser aussitôt leur décision. Patientant et travaillant, ils obtinrent mieux, et enfin, à la majorité de quelques voix, leur ordre vota la réunion. Le 22, cette majorité se réunit en effet au Tiers, avec le concours de quelques évêques, et ayant à sa tête Lefranc de Pompignan, archevêque de Vienne. Le Tiers était maintenant Assemblée nationale, et c'est donc à l'Assemblée nationale que se réunit ce jour-là, la majorité du clergé. Le président Bailly dit, dans son souhait de bienvenue : « La France bénira ce jour mémorable ; elle inscrira vos noms dans les fastes de la patrie. » Et un député qui était déjà assez important, Target, célébra « ce jour que la Providence semble avoir voulu rendre plus solennel en convertissant le temple de la religion en temple de la patrie ».

Langage nouveau, sentiments nouveaux, religion de la patrie placée tout d'un coup à côté ou même au-dessus de la vieille religion d'État, annonce d'un culte qui sera la forme religieuse du patriotisme révolutionnaire, et qui, avant une année, dans les fédérations, aura ses autels. Dans l'expression de leur gratitude, les patriotes ne s'aperçoivent même pas qu'au moment même où ils honorent le plus les ministres de la religion, ils abaissent la religion au second rang, et ces ministres, dans la neuve et chaude atmosphère patriotique, ne s'en aperçoivent pas davantage.

Lors de la séance royale du 23 juin, quand le Tiers désobéit au roi, de nombreux membres du clergé restèrent à ses côtés dans cette désobéissance. Le 24, quand la désobéissance eut été consommée, la majorité du clergé reprit sa place dans l'Assemblée nationale, et cette démarche courageuse ne fut certainement pas sans influence sur le roi, qui prit le parti de s'incliner et ordonna aux trois ordres de se réunir définitivement, le 27 juin 1789.

Dans ce début de la Révolution, le bas clergé marche donc avec le Tiers, la main dans la main. Tout fut facilité au Tiers par ce précieux et puissant concours. Sans les curés, la Révolution se fût peut-être faite, mais plus tard et autrement. Les révolutionnaires gardèrent longtemps une gratitude ardente à ces curés, et la religion catholique elle-même bénéficia de cette gratitude, qui s'exprima par une déférence soutenue et un respect appliqué, par une absence de plaisanteries anti-religieuses dans les pamphlets et journaux « patriotes » d'alors.

11. — Les Constituants ne touchèrent aux choses de la religion, en cette année 1789, que dans la mesure où ils croyaient pouvoir le faire sans déplaire à ce bas clergé qui avait si bien mérité de la patrie.

La première atteinte à la constitution de l'Église gallicane fut portée dans la nuit du 4 août, par le décret qui abolit en principe, et sur plusieurs points en réalité, le régime féodal, les droits féodaux. L'article 5 de ce décret, définitivement rédigé le 11 août, abolit les dîmes de toute nature et les redevances qui en tenaient lieu, mais en ordonnant qu'elles continueraient à être perçues provisoirement, jusqu'au jour où l'Assemblée nationale aurait avisé « aux moyens de subvenir d'une autre manière à la dépense du culte divin, à l'entretien des ministres des autels, au soulagement des pauvres, aux réparations et reconstructions des églises et presbytères, et à tous les établissements, séminaires, écoles, collèges, hôpitaux, communautés et autres à l'entretien desquelles elles sont actuellement affectées ». L'article 8 supprimait les droits casuels des curés de campagne, mais seulement pour l'époque où il aurait été pourvu « à l'augmentation des portions congrues et à la pension des vicaires », et, quant aux curés des villes, il serait fait un règlement pour « fixer leur sort ». L'article 12 défendait d'envoyer à l'avenir en cour de Rome « aucuns deniers pour annates ou pour quelque autre cause que ce soit ». L'article 13 supprimait tous les droits établis en faveur des évêques, archiprêtres, chapitres, etc. ; et l'article 14 interdisait, à l'avenir, la pluralité des bénéfices au-dessus de 3.000 livres de revenu.

Déplaisantes pour le haut clergé et pour le pape, ces mesures étaient plus que rassurantes pour le bas clergé. En même temps, dans le même décret, un éclatant hommage était rendu à la religion catholique, sous les auspices de laquelle était placée la révolution contenue dans ledit décret « pour le bonheur de la France ». L'Assemblée nationale ordonnait qu'une médaille fût frappée, et qu'on chantât, « en actions de grâces, un *Te Deum* dans toutes les paroisses et églises du royaume ». Le roi était supplié de permettre que ce *Te Deum* fût chanté dans sa chapelle, et que l'Assemblée y assistât.

La religion catholique est donc alors maintenue, par l'Assemblée, dans son éminente place de religion d'État, d'unique religion nationale, avec un solennel hommage.

Vint, quelques semaines plus tard, la Déclaration des droits de l'homme et du citoyen. L'Assemblée n'y proclama pas cette liberté de conscience qu'avaient toujours condamnée l'enseignement de l'Église, mais seulement la tolérance, par cet article : « Nul ne doit être inquiété pour ses opinions, même religieuses, pourvu que leur manifestation ne trouble pas l'ordre public établi par la loi. » Ces deux mots : *même religieuses*, montrent que l'Assemblée considérait la liberté en religion comme plus dangereuse que la liberté en politique. Elle parlait donc moins le langage de la liberté que celui de la tolérance, mais c'était une tolérance large, plus large que celle qui avait inspiré l'édit de 1787 sur les protestants. On ne leur interdit plus formellement l'exercice public de leur culte, et en fait ils se mirent à l'exercer presque publiquement. Les Cahiers n'avaient point demandé cela. Mais, sur ce point comme sur tant d'autres, l'Assemblée, poussée par les événements, excitée par la lutte, dépassa les Cahiers, sans aller cependant, et tant s'en faut, jusqu'où la Révolution ira plus tard, au temps de la Terreur.

Le clergé, haut ou bas, ne protesta guère contre cette tolérance, dont la largeur devait cependant l'inquiéter, et le goût de la liberté était si fort, dans cette bataille pour la liberté, qu'une protestation contre un article quelconque de la Déclaration des droits eût soulevé l'opinion.

L'acte par lequel l'Assemblée ouvrit, à son corps défendant, l'ère de la guerre religieuse, ce fut le décret du 2 novembre 1789, qui, pour remédier à l'effrayante crise financière, déclara que tous les biens ecclésiastiques étaient à la disposition de la nation. Mais elle eut grand soin d'ajouter que c'était « à la charge de pourvoir, d'une manière convenable, aux frais du culte, à l'entretien de ses ministres et au soulagement des pauvres ». Pour bien rassurer le bas clergé, et pour garder son concours politique, l'Assemblée déclara, par ce même décret, « que, dans les dispositions à faire pour l'entretien des ministres de la religion, il ne pourrait être assuré à la dotation d'aucune cure moins de 1.200 livres par année, non compris le logement et les « jardins en dépendant ». C'était, pour le bas clergé, la perspective d'une vraie aisance, au lieu de sa misère actuelle. C'était, pour le haut clergé, la perspective d'une réduction de revenus qui le privait de son luxe et, croyait-il, de son prestige. C'est à ce moment-là qu'il se mit presque tout entier en bataille contre la Révolution. C'est là, surtout quand le décret du 19 décembre 1789 ordonna la mise en vente de 400 millions de biens du clergé (et de biens de la couronne) ; c'est là, dans ces décrets du 2 novembre et 19 décembre 1789, que se trouvent les premières origines de la guerre civile politico-religieuse qui, tour à tour, mit en

risque de mort la France nouvelle, puis la vieille
religion.

III. — Cette vieille religion, la Constituante la
traitait donc en religion d'État. Mais, plus la Révolution marchait et plus on appliquait les Droits
de l'homme, plus ce traitement semblait illogique.
Cet illogisme parut quand, le 12 avril 1790,
dom Gerle demanda à ses collègues de la Constituante de décréter « que la religion catholique,
apostolique et romaine serait et demeurerait pour
toujours la religion de la nation, et que son culte
serait le seul public et autorisé ». Cette motion
était si conforme aux Cahiers et aux sentiments de
gratitude que l'Assemblée avait pour les curés
« patriotes » qu'on allait peut-être la voter, comme
d'enthousiasme. Mais il y eut une demande d'ajournement, dont le succès montre un changement
d'opinion dans le sens des idées que nous appelons
laïques, et ce fut comme une demi-victoire de la
« philosophie », que l'Assemblée substituât, le
lendemain 13, au décret proposé par le chartreux,
une sorte de profession de catholicisme, en ces
termes : « L'Assemblée nationale, considérant
qu'elle a et ne peut avoir aucun pouvoir à exercer
sur les consciences et sur les opinions religieuses ;
que la majesté de la religion et le respect profond
qui lui est dû ne permettent point qu'elle de-
vienne un sujet de délibération ; considérant que
l'attachement de l'Assemblée nationale au culte
catholique, apostolique et romain ne saurait être

mis en doute au moment où ce culte va être mis par
elle à la première place des dépenses publiques,
et où, par un mouvement unanime de respect, elle
a exprimé ses sentiments de la seule manière qui
puisse convenir à la dignité de la religion et au
caractère de l'Assemblée nationale; décrète qu'elle
ne peut ni ne doit délibérer sur la motion proposée,
et qu'elle va reprendre l'ordre du jour concernant
les biens ecclésiastiques. » Une forte minorité
(de près de 300 membres) vota contre ce décret,
c'est-à-dire pour la motion de dom Gerle.

Cette Assemblée, qui n'osa se refuser à déclarer
la religion catholique religion de l'État qu'en se
déclarant elle-même catholique, elle nous semble
ne faire alors qu'un bien petit pas dans la voie de la
« laïcité ». L'importance de la minorité opposante
nous montre que ce pas sembla hardi aux contemporains. Bientôt parut une protestation de cette
minorité, à la fois contre la mise en vente de biens
du clergé et contre le rejet de la motion de
dom Gerle. Une partie de l'Église gallicane commença à se dire persécutée, non seulement parce
que la nation mettait la main sur ses biens, mais
parce qu'on lui contestait son caractère de religion
d'État, de religion ayant l'absolu privilège de tout
culte public.

D'autres mesures prises par l'Assemblée, dans
l'ordre ecclésiastique, sans causer une émotion
égale, avaient donné des prétextes d'inquiétude,
comme si une atteinte était ainsi portée à la religion; ce sont les mesures contre le clergé régulier.

Là aussi, dépassant les Cahiers, l'Assemblée prit une attitude hardie. Dès le 28 octobre 1789, elle décréta que l'émission de tous les vœux était suspendue. Le 13 février 1790, grand décret sur la matière : interdiction de faire des vœux, suppression de tous ordres et congrégations qui en ont fait. Les individus sont libres de sortir : on leur fera une pension convenable (qui fut réglée par divers autres décrets). Ceux qui s'y refusent, on leur indiquera des maisons où se retirer. Voilà pour les hommes. Les religieuses pourront rester dans les maisons où elles se trouvent.

Quant aux congrégations séculières, la Constituante fut saisie de motions à leur sujet, mais elle ne se prononça pas.

Cette suppression du clergé régulier n'agita pas beaucoup l'opinion. Mais elle fit de beaucoup de ces religieux des ennemis de la Révolution.

IV. — En présence de cette politique ecclésiastique de la Constituante, quelle fut l'attitude du pape ? D'abord prudente et d'expectative. Dès le début, il semble avoir redouté un schisme, avoir été hanté par le souvenir du schisme anglais, un peu comme Louis XVI sera plus tard hanté par la fin tragique de Charles Ier. Il ne voulait pas irriter les passions. S'il se plaignit du décret du 4 août 1789, qui supprima les annates, ce ne fut pas en public.

Je ne voudrais pas attribuer à des motifs humains, temporels, son animosité contre la Révolution française. Cependant il faut bien reconnaître qu'il fut très vite fort inquiet, fort mécontent des affaires d'Avignon et du Comtat-Venaissin. Dans les agitations populaires qui s'y produisirent dès le début de la Révolution, Pie VI vit, et avec raison, le prélude d'un mouvement qui aboutirait à une réunion à la France de ces possessions pontificales. Les Constituants, même s'ils en avaient eu le désir, ne pouvaient rassurer là-dessus le Souverain Pontife, sans manquer à leurs principes mêmes, puisque ces populations françaises, de langue et de mœurs, désiraient en majorité d'être rattachées à la France des Droits de l'homme. Une telle enclave ne pouvait subsister dans l'unité de la patrie nouvelle.

Évidemment, le pape ne pouvait être bien disposé pour une Révolution qui, tout en manifestant du respect pour la religion et l'Église, lui prenait ou allait lui prendre un royaume.

C'est dans la forme prudente d'une allocution en consistoire secret, mais avec fermeté et netteté, qu'il s'éleva, le 29 mars 1790, contre la politique ecclésiastique de la Constituante, politique qui attaque et trouble la religion, qui usurpe les droits du siège apostolique : *Per decreta quœ a generalibus Nationis Comitiis prodierunt, ipsa impetitur perturbaturque Religio, hujus apostolicœ Sedis usurpantur jura.*

Résolument, directement, opposant doctrine à doctrine, il s'attaque à l'esprit même de la Révolution française, à la Déclaration des Droits de l'homme et du citoyen, qu'il condamne. Dangereux lui semble l'article qui dit que la loi est l'expression de la volonté générale, et que tous les citoyens ont droit de concourir personnellement, ou par leurs représentants, à sa formation, parce que cela implique que personne n'est tenu par d'autres lois que celles qu'il a consenties, *nec quemquam aliis obstringi legibus quam quibus ipse consentiat.* On sent qu'aux yeux du pape, la Déclaration ruine le principe d'autorité, qui est un des fondements de l'Église, et efface l'origine divine de la loi. Mais il se plaint surtout de l'article qui dit que nul ne doit être inquiété pour ses opinions, même religieuses. Il blâme cet article, *quo libertas asseritur cogitandi, etiam de Religione, prout cuique libeat, suaque cogitata impune proferendi.* Il s'indigne qu'on ait mis en délibération si la religion catholique doit rester dominante *(dominatrix)* dans le royaume de France. Il s'indigne que les non-catholiques *(acathollici)* aient été déclarés admissibles à tous les emplois municipaux, civils, militaires. Il s'indigne qu'on ne veuille plus tenir compte des solennels vœux monastiques.

Que doit faire le pape ? Il ne sait à qui s'adresser en France pour avoir un avis autorisé. Au roi très chrétien ? Son autorité royale lui a été enlevée : il est forcé de sanctionner ces décrets. Aux évêques, au clergé ? Ils sont effrayés, dispersés. Le pape ne voudrait pourtant rien faire sans l'avis du clergé et du roi, par crainte de provoquer un mouvement de schisme. Puis, haussant le ton, il dénonce la nation française, laquelle, « presque tout entière, séduite par l'image d'une vaine liberté, obéit docilement à une Assemblée de philosophes qui se mordent et se déchirent les uns les autres. *Concilio philosophorum se invicem mordentium ac obtrectantium* ».

C'est ainsi que, tour à tour prudent et menaçant, le pape s'oppose, dès le mois de mars 1790, à la Révolution française.

V. — Le pape sait que la Constituante, en dehors de son autorité, à lui pape, et contre cette autorité, prépare une grande loi de réforme ecclésiastique.

Elle a nommé un « Comité ecclésiastique », pour préparer cette loi. Jansénistes ou philosophes, tous les membres en sont gallicans, selon le vieux gallicanisme royal, selon les quatre fameux articles votés par l'Assemblée du clergé en 1682, pour limiter l'autorité du Saint-Siège, fortifier l'autorité du roi. Le Comité ecclésiastique, avec Camus, avec Durand-Maillane, avec Treilhard, reprit, en matière de gallicanisme, la politique des parlements, qui tendait à subordonner le plus possible l'Église de France à l'État et à l'émanciper le plus possible de l'autorité du pape. Camus alla même aussi loin que l'abbé Raynal pour le pouvoir à donner à l'État en matière religieuse. A la tribune de la Constituante, dans la séance du 1er juin 1790, il déclara : « Nous avons assurément le pouvoir de changer la religion. » Il ajoutait : « Nous ne le ferons pas. » Mais de tels propos, publics et non contredits, ne pouvaient qu'ébranler dans les esprits l'autorité exclusive de la religion catholique.

Cependant le Comité n'avait pas l'idée d'ébranler cette autorité, ni surtout de toucher au dogme. La « Constitution » qu'il proposa de donner au clergé, il l'appela *civile*, pour bien faire voir qu'elle ne touchait pas à la religion même. Le rapporteur Martineau fit les déclarations les plus conservatrices. Il s'agit de « rendre à la religion toute son énergie et toute sa dignité ». Il faut « fonder les institutions sur la base sacrée de la religion, sur la foi d'un être suprême, souverain dispensateur des biens et des maux, vengeur du crime et régénérateur de la vertu ». Il insiste : « C'est à la religion principalement, Messieurs, que vous avez attaché le succès de vos travaux. Rois, sujets, magistrats civils, magistrats militaires, vous avez exigé de tous le serment solennel d'être fidèles à la nation, à la loi et au roi, et de maintenir de tout leur pouvoir la Constitution que vous avez établie. Qu'avez-vous fait par là ? Ce que vous avez fait ? Vous avez annoncé hautement à tous que le salut de l'Empire est étroitement lié à la religion. Car, sans la religion, le serment n'est qu'un mot vide de sens. » Le plan de régénération que le Comité ecclésiastique propose « consistera uniquement à revenir à la discipline de l'Église primitive ». Il s'agit aussi et surtout, bien que le rapporteur ne le dise pas dans ces termes, de nationaliser la religion catholique par un gallicanisme radical, et non par ce gallicanisme modéré, qu'on voit dans les Cahiers et qui était, en 1789, celui de la généralité du clergé français.

Après de longs débats qu'il n'est pas possible de résumer ici, la Constituante acheva, le 12 juillet 1790, le vote de la Constitution civile du clergé.

Et d'abord, c'est la rupture implicite du Concordat. On ne négocia pas cette rupture avec le pape. Le roi, lui, négocia, par son ambassadeur, M. de Bernis ; mais l'Assemblée ne tint nul compte de cette négociation, et le roi sanctionna la Constitution civile, le 24 août, avant que ladite négociation eût abouti.

Voici les traits essentiels de la Constitution civile du clergé.

On en revient au régime antérieur au Concordat, à la Pragmatique sanction, en ces termes : « On ne connaîtra qu'une seule manière de pourvoir aux évêchés et aux cures, c'est à savoir la forme des élections. » Mais c'est une forme bien plus large qu'au temps de la Pragmatique sanction. Les évêques sont nommés par les électeurs de département, les mêmes qui nomment les membres de l'Assemblée de département. Les curés sont nommés par les électeurs de district, les mêmes qui nomment les membres de l'Assemblée de district. Ainsi les non-catholiques étaient admis à voter pour élire les ministres du culte catholique. L'abbé Grégoire proposa que les catholiques fussent seuls électeurs. Son amendement fut repoussé. Mais il fut édicté que, tant pour l'élection de l'évêque que pour celle des curés, le vote aurait lieu un dimanche, « à l'issue de la messe paroissiale, à laquelle seront tenus d'assister tous les électeurs ».

En réalité, ce n'était exclure presque personne. Les assemblées électorales, pour les élections politiques ou administratives, avaient lieu dans les églises, on y assistait souvent à la messe avant de voter, quelque opinion religieuse qu'on eût, et cet hommage rendu à la religion catholique était tellement dans les mœurs que cela ne tirait pas à conséquence.

Il résulte aussi de cette prescription que tout Français était présumé appartenir à la religion catholique, et cette présomption, qui rappelait l'ancien régime, ne pouvait pas déplaire tellement au clergé, et c'est sans doute pour cette raison qu'il ne protesta que faiblement contre la faculté donnée aux non-catholiques de participer aux élections ecclésiastiques, moyennant un geste d'hypocrisie qui était dans les mœurs.

Mais il résulte aussi de la même prescription que les évêques et les curés n'étaient élus que par le suffrage censitaire, que les seuls citoyens actifs participaient à leur élection, dont étaient exclus les pauvres, ce qui n'était guère d'accord avec les idées courantes sur la restauration d'un égalitaire christianisme « primitif ».

Les 139 diocèses de l'ancien régime, si inégaux comme étendue, étaient réduits au nombre de 83, un par département, chaque département formant un diocèse.

L'évêque recevait l'institution canonique, non du pape, mais d'un autre évêque, appelé métropolitain, et il était établi six métropolitains.

Quant aux curés, qui étaient institués canoniquement par l'évêque, le nombre de curés était sensiblement réduit : il n'y aurait plus qu'une paroisse et qu'un curé par commune au-dessous de 6.000 habitants, mais il y en aurait une et un dans chaque commune.

Les traitements du clergé sont à la charge de l'État.

C'est le Comité des dîmes qui avait préparé le plan de ces traitements. Dans son rapport, Chasset dit qu'au sein du Comité, un membre avait demandé que cette dépense ne fût pas à la charge de l'État, mais à celle des paroisses : « Non, dit Chasset. Le culte est un service public, c'est un devoir de tous ; tous sont censés en user... Les ministres des autels composent la milice spirituelle qui, comme l'armée, donne des secours à tous. » Toujours cette présomption officielle, que tout Français est catholique.

Les traitements furent convenables pour le haut clergé, considérables pour le bas clergé. Les évêques recevaient de 12.000 à 20.000 livres ; les vicaires des églises-cathédrales, de 2.000 à 4.000. Les curés étaient, pour le traitement, divisés en sept classes, de 1.200 livres à 4.000 livres (6.000 à Paris) ; les vicaires, de 700 à 1.200 livres.

Immense bienfait pour le bas clergé. Plus de curés à portion congrue, plus de ces inégalités, plus de ces injustices, plus de ces misères. Une large aisance, une perspective d'indépendance, de prestige.

Au total, ce budget des cultes s'élevait à environ cent millions.

Les rapports avec le pape étaient réglés par cet article, qu'inspira ce gallicanisme radical qui n'était pas dans les Cahiers : « Le nouvel évêque ne pourra s'adresser au pape pour en obtenir aucune confirmation ; mais il lui écrira comme au chef visible de l'Église universelle, en témoignage de l'unité de foi et de la communion qu'il doit entretenir avec lui. »

Tel fut le degré d'indépendance de cette Église gallicane organisée par la Constituante, et telle fut sa constitution.

Ne cherchant pas le schisme, ne le redoutant pas outre mesure, la Constituante précisa son dessein et ses intentions, le 21 janvier 1791, dans une instruction sur la Constitution civile, dont tout ce passage est à citer : « Les représentants des Français, fortement attachés à la religion de leurs pères, à l'Église catholique dont le pape est le chef visible sur la terre, ont placé au premier rang des dépenses de l'État celles de ses ministres et de son culte ; ils ont respecté ses dogmes, ils ont assuré la perpétuité de son enseignement. Convaincus que la doctrine et la foi catholique avaient leur fondement dans une autorité supérieure à celle des hommes, ils savaient qu'il n'était pas en leur pouvoir d'y porter la main, ni d'attenter à cette autorité toute spirituelle ; ils savaient que Dieu même l'avait établie, et qu'il l'avait confiée aux pasteurs pour conduire les âmes, leur procurer les secours que la religion assure aux hommes, perpétuer la chaîne de ses ministres, éclairer et diriger les consciences. » Mais l'Assemblée pouvait faire des lois sur l'organisation civile du clergé, fixer ses rapports extérieurs avec l'ordre politique de l'État. « Or, il était impossible, dans une Constitution qui avait pour base l'égalité, la justice et le bien général : l'égalité, qui appelle aux emplois publics tout homme qu'un mérite reconnu rend digne du choix libre de ses concitoyens ; la justice, qui, pour exclure tout arbitraire, n'autorise que des délibérations prises en commun ; le bien général, qui repousse tout établissement parasite ; il était impossible, dans une telle Constitution, de ne pas supprimer une multitude d'établissements devenus inutiles, de ne pas établir les élections libres des pasteurs, et de ne pas exiger, dans tous les actes de la police ecclésiastique, des délibérations communes, seules garanties, aux yeux du peuple, de la sagesse des résolutions auxquelles ils doivent être soumis. »

Ces changements une fois faits, le Comité ecclésiastique de la Constituante veilla avec zèle au maintien des parties de l'ancienne discipline ecclésiastique auxquelles la Constituante n'avait pas touché, et il eut une tendance à trancher lui-même, directement, toutes les questions épineuses en matière de discipline. Ainsi quand, le 10 août 1791, l'abbé Brugière, curé de Saint-Paul, à Paris, lui demanda s'il pouvait se rendre à la requête d'un prêtre qui voulait qu'il le mariât, Lanjuinais, au nom du Comité, écrivit une lettre audit abbé Brugière pour lui défendre de marier ce prêtre. Ainsi, soit par la pratique de la Constitution civile, soit par les principes fondamentaux de cette Constitution, et notamment par le salaire d'État alloué au clergé, les liens de l'Église et de l'État se trouvaient singulièrement plus resserrés sous le nouveau régime que sous l'ancien, par une subordination de l'Église à l'État.

Cette subordination fut rendue encore plus visible et rigoureuse le 27 novembre 1790, quand l'Assemblée édicta une formule de serment, que tous les ecclésiastiques devaient prêter et qui impliquait adhésion, fidélité à la Constitution civile. Mais, dans la pratique, l'obligation de ce serment devait briser l'union de l'Église et de l'État, en amenant une discorde qui annonçait la guerre civile.

VI. — Avant de parler de ces conséquences pratiques de la Constitution civile, il est temps de signaler le développement d'un sentiment nouveau, le patriotisme révolutionnaire, qui, à l'époque même où la Constituante discutait, votait la Constitution civile et rendait à la religion catholique les hommages qu'on a vus, semblait prendre la première place dans le cœur des Français, comme une sorte de religion supérieure à l'ancienne et plus vivante.

Depuis longtemps, les Français aimaient leur

pays et leur roi. Mais les chefs de l'intelligence
française, au XVIII° siècle, croyaient, comme l'avait
dit La Bruyère sous Louis XIV, qu'il n'y a pas de
patrie sous le despotisme. Il n'y a patrie que quand
on est libres, égaux, frères, que quand un peuple
se gouverne lui-même et aussi quand il ne forme
qu'une famille, parmi d'autres familles de peuples.
Voilà le patriotisme révolutionnaire.

Formulé plus ou moins nettement par les philosophes, ce patriotisme nouveau se montra dans
le grand mouvement de révolte, d'affranchisse-
ment, d'unité qui fut déchaîné dans toute la France
par la prise de la Bastille. Ces communes émanci-
pées s'unirent en fédérations régionales, animées
d'une force centripète, si on peut dire. Ces fédérations n'en formèrent bientôt plus qu'une, celle-là
nationale, qui, le 14 juillet 1790, à Paris, au Champ-
de-Mars, jura le pacte de la patrie nouvelle, de la
patrie une, de la patrie libre, de la patrie égalitaire,
et le même jour, il y eut dans toutes les communes
de France même serment, même cérémonie.

Le mot de religion est peut-être le seul qui con-
vienne à ce mouvement d'union. Ce fut la religion
de la patrie. Il y eut des autels de la patrie.

Ces autels se dressèrent aux fédérations régionales, en assez grand nombre. Ils furent le centre
de toutes les manifestations de la Fédération nationale, non seulement à Paris, à Lyon, mais dans
toutes les villes et les villages dont j'ai lu les procès-
verbaux. Partout, en cette journée du 14 juillet 1790, les Français se groupent autour d'un autel

de la patrie. Cet autel, dont les formes, variées selon les lieux, ne sont point calquées sur les formes de l'autel catholique, ne se dresse pas dans les églises ou s'y dresse rarement, mais en plein air, sur une place publique ou dans une prairie. C'est sur cet autel que l'on prête le serment civique. C'est au pied de cet autel que les orateurs célèbrent la patrie.

La religion catholique n'est point absente de ces cérémonies. Si presque tout le haut clergé s'en détourne, le bas clergé y assiste, y participe. D'ordinaire, les deux cultes, l'ancien et le nouveau, s'exercent séparément, devant le même public, qui va d'abord à l'église pour y assister à une messe, et qui se rend ensuite, souvent accompagné du curé, à l'autel de la patrie. Il arriva aussi parfois qu'une messe fut célébrée sur cet autel même. C'est ce qui advint à Paris, où cette messe fut dite, au Champ de Mars, sur l'autel de la patrie, par l'évêque Talleyrand.

Cette participation du clergé aux fédérations, qui fut générale et parfois enthousiaste, donna à croire que la religion catholique faisait un pacte avec la religion de la patrie, c'est-à-dire avec la Révolution, et les Français eurent, à ce moment-là, le plaisir de se sentir à la fois bons patriotes et bons catholiques.

En réalité, la concurrence d'un sentiment religieux nouveau et vif ne fortifia pas la religion catholique, quoique l'occasion de cette concurrence fît briller la popularité du clergé. La religion catholique ne fut plus seule à habiter, dans l'âme du peuple, la région de la foi, et, sans peut-être que les Français d'alors s'en rendissent compte, son privilège d'autorité et de prestige s'en trouva diminué pour l'avenir. Vivace et robuste en sa fraîche nouveauté, la religion révolutionnaire de la patrie ne se superpose pas seulement à l'ancienne religion : elle la domine, ou même peut-être elle l'absorbe.

Ce phénomène, dont on n'a pas bien conscience alors, sans détacher encore le peuple de sa religion natale, la lui rend tout de même, et à son insu, moins exclusivement chère, et ainsi commence à se préparer, de loin, l'état d'esprit qui rendra possible une tentative de déchristianisation, puis un régime de laïcité.

Une des fédérations régionales, celle de Strasbourg, avait donné un exemple de laïcité, qui fut singulier, parce que l'Alsace était le seul pays de France où la liberté des cultes existât sous l'ancien régime. Cet exemple est remarquable, important, non seulement pour sa singularité, mais parce que d'autres départements, et même lointains, et même un département breton, se groupèrent autour de l'autel strasbourgeois de la patrie. Et d'abord, s'il y eut une messe, l'ordre portait que « les seuls catholiques seraient obligés de mettre genou en terre », — formule de liberté que je n'ai retrouvée dans aucune autre fédération. Puis la liberté de conscience fut symbolisée, le 16 juin 1790, dans cette prairie où les Alsaciens avaient élevé leur autel de la patrie, par trois baptêmes successifs sur ledit autel. Un petit catholique eut pour parrain un catholique et pour marraine une protestante ; un petit protestant eut pour parrain un protestant et pour marraine une catholique. Puis l'abbé et le pasteur qui, chacun à son tour, avaient baptisé, s'embrassèrent devant le peuple.

Ainsi fut honorée et pratiquée, dans cette « fédération du Rhin », la liberté des deux cultes chrétiens.

Mais la fédération ne se contenta pas d'une leçon de tolérance et d'amitié. Elle rendit aussi hommage à la « philosophie ». Au baptême religieux succéda, dit le procès-verbal, « une sorte de baptême civique ». On enleva « l'autel religieux », et « les marraines, portant les nouveau-nés, vinrent occuper son emplacement ». On déploya au-dessus de leurs têtes le drapeau de la fédération. Les parrains prêtèrent en leur nom le serment civique. Le procès-verbal dit que ce spectacle « laissa dans l'âme une émotion qu'il est impossible de rendre ». Ce geste annonce presque le culte de la Raison, le culte de l'Être suprême, ou du moins la religion de la patrie organisée en culte décadaire.

Déjà donc, en juin 1790, dans une nombreuse assemblée de Français, sur les bords du Rhin, fut arboré hardiment le drapeau de la liberté de conscience, et aussi le drapeau de la philosophie.

Contemporains de l'élaboration de la Constitution civile, ces phénomènes en contredisaient les principes et le but avoués. Ils étaient les premiers signes d'un état de choses nouveau, plus conforme au sentiment intime des philosophes, à l'incrédulité d'une grande partie de la société instruite, à l'indifférence ou à la tiédeur de foi d'une partie des ignorants, ouvriers ou paysans.

VII. — Revenons à la Constitution civile du clergé et à ses conséquences.

Dès le 10 juillet 1790, Pie VI avait écrit à Louis XVI pour le dissuader d'accorder sa sanction, en le menaçant éventuellement d'une « cruelle guerre de religion », et se plaignant aussi des affaires d'Avignon. Après bien des hésitations, Louis XVI sanctionna le 24 août. Cependant le pape, toujours inquiet et prudent, ne se pressait pas. Une commission de cardinaux examinait lentement la Constitution civile. Le pape tenait à avoir l'avis formel de l'épiscopat français. Il eut très vite l'avis, non de tout cet épiscopat, mais des évêques membres de l'Assemblée nationale. Ce fut, dès le 30 octobre, un imprimé intitulé : *Exposition des principes sur la Constitution du Clergé*. Il était signé du cardinal de La Rochefoucauld et de vingt-neuf autres évêques députés, qui avaient voté contre la Constitution civile.

Leur thèse, c'est que le pouvoir civil ne peut, lui seul, modifier la constitution de l'Église : il y faut le concours de l'Église elle-même, donc du pape.

Ces évêques, qui d'ailleurs refuseront de démissionner, reconnaissent que l'institution des évêques par les métropolitains est conforme à l'antique discipline de l'Église gallicane. Mais il y a plus de deux siècles que le pape donne cette institution. « Par quelle fatalité faut-il qu'il ne soit pas consulté sur des droits qui lui furent attribués par des lois ? » Pour l'élection des évêques, ils se plaignent que le droit de vote soit accordé à tout électeur, pourvu qu'il assiste à une messe : il eût fallu exiger « le serment et la profession de foi de la religion catholique ». Ils repoussent l'élection des curés : « Il n'y a pas de pays catholique où la nomination des curés n'appartienne pas, de droit commun, aux évêques diocésains. » Gallicans modérés, ils ont bien soin, au moment où ils défendent les droits du pape, de les définir, en rappelant la définition qu'en donne Bossuet dans son sermon sur l'unité de l'Église. Ils dénoncent la Constitution civile comme schismatique. La puissance civile ne peut pas « se refuser au concours indispensable de l'Église, sans s'attribuer la suprématie dans les matières purement ecclésiastiques et sur la juridiction spirituelle de l'Église ; et c'est là que commencerait un schisme, une séparation de l'Église universelle, une autre religion, à laquelle il est impossible que l'Assemblée nationale veuille prêter sa puissance et soumettre la nation. »

Les trente évêques protestent par avance contre l'annulation, par la puissance civile, des actes de la juridiction des évêques qui veulent en conserver l'exercice. On laisserait donc toutes les religions libres, « excepté celle qui, toujours dominante et maintenue par la piété de nos pères et par toutes les lois de l'État, n'a point cessé d'être, depuis douze cents ans, la religion nationale ».

Enfin ils réclament la convocation d'un Concile national, et aussi de Conciles provinciaux. Ils réclament, « selon les formes antiques de l'Église gallicane, le recours au chef de l'Église universelle ». Ils veulent « éviter le schisme ». Ils veulent « employer tous les moyens de la sagesse et de la charité, pour prévenir les troubles dont une déplorable scission pourrait devenir l'ouvrage ».

Le 10 mars 1791, le pape adressa au cardinal de La Rochefoucauld, premier signataire de l'*Exposition des principes*, un bref où il lui déclara qu'il voudrait avoir, avant de se prononcer, l'avis général des évêques français, et non pas seulement de trente d'entre eux. Il est, d'autre part, probable que l'idée d'un Concile national ne lui souriait pas : c'était toujours le gallicanisme.

Sans prononcer encore une condamnation formelle contre la Constitution civile, Pie VI, dans ce bref, se plaint et critique.

Il a eu la modération de ne plus exiger le paiement des annates (acceptant donc, à ce sujet, le décret du 4 août). Ce sacrifice n'a pas été récompensé : il a eu « la douleur de voir quelques membres de l'Assemblée nationale allumer, répandre et entretenir dans Avignon le feu d'une révolte contre laquelle nous ne cesserons de réclamer et d'invoquer les droits du Saint-Siège ».

Quant à la Constitution civile, il la déclare contraire, aussi bien au dogme qu'à la discipline, ce qui n'est pas surprenant, puisque l'Assemblée nationale « ne pense et n'agit que pour détruire la religion et, avec elle, l'obéissance aux rois ». Il proteste contre la rupture du Concordat. Il appelle « sacrilège » l'élection des évêques. Il prétend qu'on laisse leurs biens aux protestants, tandis que l'on confisque ceux du clergé. Il dit que le salaire d'État déshonore les évêques, qu'on traite en mercenaires, et qu'il est insuffisant. Il proteste contre l'abolition des ordres monastiques. Mais sa conclusion n'est pas une condamnation, un anathème. Il demande aux évêques français de lui suggérer une conciliation qui ne contredise ni le dogme ni la discipline. Il dit qu'il veut faire tout le possible pour éviter un schisme.

Le même jour, le pape communiqua à Louis XVI ce Bref, par une lettre où il gémit sur ce déplorable royaume, *in quo basis ipsa religionis subvertitur, a nostro redemptore fundata.* Le 13 avril, à propos du serment, il adressa aux évêques de France un autre Bref, où, d'un ton presque modéré, il les adjurait de ne point prêter ce serment.

Pie VI ne reçut jamais cet avis général de l'épiscopat français qu'il réclamait. Il blâma deux évêques qui avaient prêté le serment, Talleyrand et Loménie de Brienne. Il se borna à ce blâme et à ses deux Brefs. Mais ces Brefs, en France et partout, furent considérés comme une condamnation formelle de la Constitution civile. La rupture fut consommée. Le pape rappela son nonce, qui quitta Paris le 31 mai 1791. Louis XVI avait nommé M. de Ségur ambassadeur à Rome, en remplacement du cardinal de Bernis : le pape refusa de le recevoir. A Paris, au Palais-Royal, on brûla le pape en effigie. En fait le schisme était consommé.

VIII. — On ne peut pas dire que ce schisme fut une déception pour l'Assemblée nationale, qui y était presque résignée par avance. Ce qui fut une déception pour elle, qui avait cru fortifier l'unité de l'Église gallicane, c'est que cette Église se divisa aussitôt : une partie resta fidèle au pape et repoussa la Constitution civile ; une partie accepta cette Constitution, prêta le serment.

Dans quelle proportion numérique ? Il n'y a pas de statistique complète, sauf pour les évêques, dont on sait qu'il n'y en eut que quatre qui prêtèrent le serment. Pour le reste du clergé, on n'a que des aperçus partiels. Aux Archives nationales, dans les papiers du Comité ecclésiastique, il y a des états d'assermentés et d'insermentés dressés par les directoires de département pour 43 départements. M. Sagnac a étudié cette statistique. Il a trouvé, pour ces 43 départements, un total de 14,047 jureurs, contre 10.395 non-jureurs. Grandes différences selon les régions. Ainsi, dans le Bas-Rhin, 8 % de jureurs ; dans le Haut-Rhin, 51 % ; dans le Nord et dans les départements bretons, 20 % ; dans les départements du Dauphiné et de la Provence, 89 % ; dans le Var, jusqu'à 95 %. Diverses monographies nous renseignent sur d'autres départements. Il semble probable que le serment fut prêté par plus de la moitié des membres du clergé, peut-être par les trois cinquièmes. Mais il s'agit du début, il s'agit du premier semestre de l'année 1791. Il y eut ensuite, après les Brefs du pape, beaucoup de rétractations. Combien ? Nous ne le savons pas. Il est possible qu'après ces rétractations la proportion numérique se soit trouvée changée, à l'avantage des insermentés, qu'on appelait aussi réfractaires, au désavantage des assermentés, qu'on appelait constitutionnels, et qu'enfin l'Église gallicane se soit trouvée coupée en deux moitiés à peu près égales.

Mécompte pour l'Assemblée constituante, qui avait espéré grouper toute cette Église dans le nouvel ordre des choses ; mécompte pour le pape, qui, dans son Bref du 10 mars, avait cru pouvoir avancer qu'un très petit nombre de curés avaient prêté le serment, *perpauci secundi ordinis pastores infelicissimi.*

L'opinion publique, la grosse opinion, celle des « patriotes », celle des révolutionnaires militants s'indigna de cette division, et il y eut de violentes manifestations populaires pour rétablir, par la force, l'unité dans l'Église gallicane, tant la masse était encore éloignée de notre conception de la liberté de conscience !

La querelle devient très vite violente. Les prêtres papistes et leurs fidèles sont traités de contre-révolutionnaires ; les prêtres constitutionnels et leurs fidèles sont traités d'impies, d'hérétiques, bien que le nouveau clergé, le clergé élu, égale l'autre, le clergé réfractaire, pour la piété, comme pour les mœurs. On doit même dire, sans prendre parti dans cette querelle entre croyants, que l'épiscopat constitutionnel l'emportait en vertu, en simplicité sur beaucoup d'évêques de l'ancien régime.

La querelle entre réfractaires et constitutionnels fut tout de suite si vive que plusieurs directoires de département prirent des mesures au-delà de leur compétence. Ainsi le directoire du Finistère, d'accord avec l'évêque constitutionnel Expilly, enjoignit aux prêtres réfractaires, en avril 1791, de se retirer dans la huitaine, à quatre lieues de leur ancienne paroisse. D'autres directoires, par exemple ceux d'Ille-et-Vilaine et de l'Ain, suivirent cet exemple.

IX. — A Paris, il y eut des incidents très vifs.

Les prêtres insermentés officiaient surtout dans des chapelles de couvents de religieuses. Le peuple les accusa d'y déblatérer contre la Révolution. Il y eut des actes graves d'intolérance brutale. Des religieuses furent fouettées publiquement. On les accusait, dit la *Chronique de Paris* du 9 avril 1791, d'avoir elles-mêmes « fustigé des jeunes filles, qui, par ordre de leurs parents, avaient été à confesse à un prêtre ami des nouvelles lois ecclésiastiques ». Ce journal ajoutait que « tous les jours se renouvellent des scènes de cette espèce ». Le directoire du département de Paris, par un arrêté du 11 avril 1791, interdit l'accès de ces chapelles, comme l'accès des églises paroissiales, aux prêtres insermentés, mais en même temps, et cela causa une grande sensation, il établit indirectement la liberté des cultes en autorisant les sectateurs de tout culte quelconque à avoir des temples dans des édifices particuliers, à condition de s'abstenir de toute provocation « contre la Constitution, contre les lois ou contre les autorités établies », et de placer sur la principale porte extérieure une inscription indiquant l'usage de l'édifice.

[Les catholiques papistes, ayant à leur tête M. de Pancemont, ex-curé de Saint-Sulpice, réfractaire, avaient loué l'ancienne église des Théatins. Ils firent agréer par le Directoire cette inscription : *Eglise consacrée au culte religieux par une Société particulière. Paix et liberté.* Le jour de l'ouverture, 17 avril, il y eut une tumultueuse manifestation hostile, à la tête de laquelle se trouvait l'abbé Latyl, constituant, curé constitutionnel de Saint-Thomas, et cette manifestation ne fut pas facile à enrayer. Les journaux de gauche prirent parti contre cet essai de liberté des cultes. On lit dans les *Révolutions de Paris* : « Le peuple a beaucoup mieux vu cet objet que ceux qui le gouvernent : il a senti qu'il ne devait pas y avoir deux cultes dans une même religion. »

Cependant il se dessinait un mouvement de libéralisme, même dans les milieux dirigeants, même à la Constituante. L'abbé Siéyès, constituant, qui était en même temps membre du Directoire de

Paris, fut un des chefs de ce mouvement. Le Comité de Constitution de l'Assemblée, saisi de l'arrêté du Directoire qui faisait tant de bruit, nomma pour rapporteur Talleyrand, favorable, lui aussi, à la liberté des cultes, et même à ce que nous appelons la laïcisation. Significatif, à cette époque, fut le décret du 4 avril 1791 qui, à propos des honneurs à rendre à Mirabeau, mort, transforma l'église Sainte-Geneviève en Panthéon civil, où un décret du 30 mai plaça les cendres de Voltaire. L'arrêté du Directoire de Paris, si libéral, la désaffectation de Sainte-Geneviève en l'honneur du plus anti-catholique des écrivains du siècle, ces deux incidents sont notables dans l'histoire de l'ex-religion dominante, et des risques qu'elle courut alors.

Le rapport de Talleyrand marque une réaction contre les vues de la Constituante au sujet de l'unité du culte catholique et du droit de l'État à imposer cette unité. La liberté de conscience qu'il demande, « c'est une liberté pleine, entière, une propriété réelle, non moins inviolable que toutes les autres, et à qui toute protection est due ». Il ajoute, désavouant sans le dire la tolérance instituée par la Déclaration des Droits pour les opinions, *même religieuses* : « Ne parlons pas ici de tolérance : cette expression dominatrice est une insulte, et ne doit pas faire partie du langage d'un peuple libre et éclairé. » Un citoyen peut suivre la religion qui lui plaît sans cesser pour cela d'être en rien citoyen. Talleyrand va jusqu'à dire que le roi, s'il le voulait, pourrait suivre une autre religion que celle de la nation. Il appelle la religion catholique *véritable*, mais pour dire, et non sans ironie, que nous assurerons son triomphe « en ne laissant autour d'elle que des moyens de persuasion, et en montrant qu'elle n'a rien à redouter des sectes rivales ». Il persifle un peu Treilhard et les jansénistes du Comité ecclésiastique, « qui semblent n'avoir vu dans la Révolution qu'une superbe occasion de faire l'apothéose des mânes de Port-Royal ». Enfin il propose et fait voter, non sans vif débat et vive résistance, un décret libéral, où il est dit que les principes de liberté religieuse qui ont inspiré l'arrêté du Directoire sont ceux que « l'Assemblée a reconnus et proclamés dans sa Déclaration des Droits » (ce qui, on l'a vu, n'était pas vrai, mais il ne fallait pas avoir l'air de rectifier le nouvel évangile). L'Assemblée va même plus loin que le Directoire : elle déclare que le défaut de prestation du serment ne pourra être opposé à aucun prêtre se présentant dans une église paroissiale, succursale et oratoire national. Mais il n'y devra dire que la messe. Il n'eût en effet pas été possible, en l'état des passions, de laisser les insermentés prêcher dans les églises paroissiales.

On le voit : cette liberté des cultes, les hommes de la Révolution se la laissèrent plutôt arracher par les circonstances qu'ils ne l'accordèrent de leur plein gré. Dans le décret du 7 mai 1791, les Constituants la reconnurent de mauvaise grâce, avec des précautions de langage et des restrictions, mais enfin ils le reconnurent. C'est un grand pas vers la laïcité.

X. — Mais l'opinion populaire parisienne ne suivit pas l'Assemblée ; elle n'écouta pas la voix du seul journaliste qui parlât enfin franchement le langage de la liberté et de la philosophie, je veux dire André Chénier. Quand, le 2 juin 1791, fête de l'Ascension, les catholiques papistes (il me semble qu'on peut appeler ainsi ceux qui suivaient les offices des insermentés), quand, dis-je, les catholiques papistes voulurent reprendre l'exercice de leur culte dans l'église des Théatins, un attroupement hostile les en empêcha. Il fallut que La Fayette intervint, avec la garde nationale. En vain Bailly, maire de Paris, dans une lettre publique, blâma ces violences, prêcha la liberté des cultes : les catholiques papistes durent renoncer à se réunir dans l'église des Théatins, qui resta dès lors fermée. Ils furent contraints de renoncer à exercer publiquement leur culte à Paris, et ils ne purent alors l'y exercer que privément, presque en cachette, dans des oratoires ou chapelles de couvent.

Les autres cultes, à Paris, profitèrent-ils du décret du 7 mai 1791 ?

Ce décret ne semble avoir rien changé à la situation des juifs. La tolérance dont, sous l'ancien régime, ils jouissaient déjà depuis quelques années ne devint pas tout de suite de la liberté. Sans doute, apprenant qu'on les persécutait en Lorraine et en Alsace, l'Assemblée constituante chargea son président, le 28 septembre 1789, d'écrire aux autorités municipales de ces pays que la Déclaration des Droits s'applique aux juifs et qu'ils sont sous la sauvegarde de la loi. Mais ce n'était là qu'une manifestation théorique. L'Assemblée, le 24 décembre, se refusa à rien décider sur leur état civil. Le 28 janvier 1790, elle reconnut que les juifs portugais, espagnols et avignonnais étaient aptes à jouir des droits de citoyens actifs, mais elle laissa encore les autre juifs hors de la cité. C'est seulement dans les tout derniers jours de sa carrière, le 27 septembre 1791, qu'elle révoqua « tous ajournements, réserves et exceptions insérés dans les précédents décrets relativement aux individus juifs qui prêteront le serment civique, qui sera regardé comme une renonciation à tous privilèges et exceptions introduits précédemment en leur faveur ».

Quant à leur culte, les juifs avaient à Paris, dès 1787, plusieurs synagogues. Ils s'en contentèrent sous la Révolution. Après le décret du 7 mai 1791, le bruit courut qu'ils allaient acheter ou louer des églises : ils n'en firent rien. Prudents et à demi-cachés, ils se contentèrent de la tolérance de fait dont ils jouissaient.

Et les protestants ? Depuis la révocation de l'édit de Nantes et la démolition du temple de Charenton, les luthériens de Paris se réunissaient dans la chapelle de l'ambassade de Suède, les réformés dans la chapelle de l'ambassade de Hollande. L'édit de 1787 leur donna le courage de reconstituer leur église. Ils prirent pour pasteur

le chapelain de l'ambassade de Hollande, Marron,
petit-fils de réfugiés français. Ils demandèrent
l'autorisation d'avoir des réunions pour leur culte
en commun. Le gouvernement hésita, fit une
enquête, et finit par refuser, en disant que les chapelles des ambassades suffisaient.

Sous la Révolution, les luthériens semblent avoir
continué à se contenter, comme sous l'ancien régime, de la chapelle de l'ambassade de Suède.

Mais les réformés, bien plus nombreux, paraissent
avoir obtenu, dès le début de la Révolution, une
sorte d'autorisation verbale d'exercer leur culte.
A cet effet ils louèrent, rue Mondétour, une salle
de restaurant, dont ils firent un temple, qu'ils
inaugurèrent le 7 juin 1789. Après le vote de l'article 13 de la Déclaration, qui élargissait la tolérance, ils songèrent à se procurer un temple plus
convenable. Un des leurs, Rabaut Saint-Étienne,
les en dissuada, en leur disant que les temps n'étaient
pas encore mûrs. Pour éviter toute ostentation
et ne point effaroucher l'opinion, ils restèrent donc
dans leur modeste local de la rue Mondétour jusqu'en février 1790. Leur historien, M. Armand
Lods, nous apprend qu'alors ils louèrent, rue Dau-
phine, l'ancienne salle des Enfants d'Apollon,
appelée Musée. Le décret du 7 mai 1791 les enhardit.
Ils louèrent l'église de Saint-Louis-du-Louvre,
en firent leur temple, dont la dédicace eut lieu
solennellement, le 22 mai. Sur le frontispice, le
pasteur Marron fit graver cette inscription, ap-
prouvée par le Directoire du département : *L'an*

de Jésus-Christ 1791 et l'an II de la Liberté. Edifice consacré à un culte religieux par une société particulière. Paix et liberté. A l'intérieur, les insignes du culte catholique furent remplacés par deux plaques de marbre sur lesquelles étaient gravées la Déclaration des droits et l'Oraison dominicale.

Là, les protestants se réunirent publiquement, sans que jamais le peuple de Paris, si intolérant pour les catholiques papistes, contrariât leur liberté. Ils eurent l'appui, la faveur et parfois même le concours des autorités. Quand le roi eut accepté la Constitution, ils célébrèrent, le 13 octobre 1791, un service d'actions de grâces, en présence de la municipalité, qu'ils avaient invitée, et qui se fit représenter par douze officiers municipaux et par le maire Bailly. « La foule était grande, dit un récit du temps : il y avait beaucoup de calvinistes, encore plus de philosophes, curieux de jouir des premiers actes du tolérantisme. » Le pasteur Marron fit l'éloge de la Révolution : « Ce qui la caractérise, dit-il, c'est qu'elle est tout entière l'ouvrage de la raison... Elle ne nous a pas fait changer de maîtres : elle nous a rendus plus libres. » Les auditeurs furent si contents et si émus de ce langage qu'ils se mirent à pleurer.

XI. — Cette tolérance et cette sympathie pour les protestants fit, par le contraste, ressortir l'impopularité du clergé insermenté.

Les évêques insermentés sont réduits à émigrer ou à se cacher ; mais ils continuent à diriger clandestinement leurs diocèses, soit par eux-mêmes, soit par des vicaires généraux. Presque tous gentilshommes, les évêques regrettent leurs privilèges, l'ancien régime. Ce sont des aristocrates, qui entraînent ainsi les curés insermentés dans l'aristocratie. Il faut avouer que ces curés insermentés firent preuve de désintéressement. Ils se vouaient à la pauvreté, puisqu'ils renonçaient d'avance au salaire d'État, qui leur fut retiré par le décret du 29 novembre 1791, et puisque l'Église avait perdu ses biens. Ce sont des enthousiastes, prêts à tous les sacrifices pour leur cause, prêts au martyr, et c'est pourquoi ils furent si dangereux.

Leur zèle fut excité par la persécution.

La loi du 27 novembre 1790, sur le serment, ordonnait de poursuivre, « comme perturbateurs de l'ordre public », les prêtres insermentés « qui s'immisceraient dans aucune de leurs fonctions publiques ou dans celles qu'ils exerceraient en corps ». La loi du 7 mai 1791 leur permettait, explicitement, de dire la messe, rien que la messe, dans les églises paroissiales, et, implicitement, d'exercer tout leur culte dans des édifices non paroissiaux. Mais que fallait-il entendre par « fonctions publiques » ? La Constituante se refusa toujours à le définir nettement. Le 19 juin 1791, Treilhard fit décréter que les accusateurs publics seraient *tenus*, sous peine de forfaiture et de destitution, de poursuivre tous les ecclésiastiques insermentés qui continueraient « les mêmes fonctions publiques ». Dans la pratique, il y eut d'abord tendance à ne considérer comme usurpant des fonctions publiques que les prêtres qui, ne se bornant pas à dire la messe, confessaient, baptisaient, mariaient, enterraient. L'opinion publique ne permettait pas qu'ils fissent concurrence au curé constitutionnel.

Cette concurrence fut-elle redoutable ? Quelle était, numériquement, l'importance de la clientèle du clergé réfractaire ? Impossible de donner des chiffres. Le nombre des fidèles groupés autour des insermentés varia évidemment selon les régions. Il y en eut davantage en Bretagne, en Vendée, dans la Lozère que dans les départements de l'Ile-de-France. Il y en eut davantage là où le curé était aimé, et surtout dans les campagnes, où, quand on y préféra l'ancien culte, ce fut par habitude, par amitié. Tout porte à croire que ces sectateurs du culte papiste furent bien moins nombreux par rapport au chiffre de la population que le clergé insermenté ne le fut par rapport au nombre total des prêtres.

Le clergé insermenté, à qui le décret du 7 mai accordait une liberté, fut fort gêné par la question des locaux, sinon dans les villes, du moins à la campagne. La suppression de paroisses et de couvents laissait disponibles, dans la plupart des villes, des églises et des chapelles, que les insermentés purent acheter ou louer. Dans les campagnes, où il n'y avait guère qu'une église par commune, c'était l'église paroissiale, l'église du curé constitutionnel ; il n'était pas facile de trouver un autre local. Si l'homme riche ou le ci-devant seigneur ouvrait aux insermentés la chapelle de son château, on dissipait ces rassemblements comme contre-révolutionnaires. Il arriva, aux campagnes où les paysans étaient le plus pieux ou le plus attachés à leurs anciens curés, que le culte des insermentés s'exerçât dans les bois et ou plein champ. Ce ne fut sans doute pas très fréquent, et il ne faudrait pas conclure de ces cas exceptionnels que la persécution fût générale, ni que le renouveau de ferveur religieuse fût général, ni en conclure à une renaissance rurale d'une sorte de christianisme primitif. Ce qui est sûr, c'est que les catholiques sont divisés partout en deux partis adverses, qui chaque jour se haïssent davantage, se querellent davantage, jusqu'à en venir parfois aux coups.

L'attitude des autorités locales fut très diverse. Il semble que les Directoires de département, à l'instar de celui de Paris, aient été en général partisans de la liberté des insermentés, et que les municipalités, à l'instar de celle de Paris, y aient été opposées. Ainsi, à Pamiers, les catholiques papistes louèrent l'église des ci-devant Carmes, et firent approuver par le directoire du département de l'Ariège cette inscription : *Amour de Dieu et du prochain. Respect et obéissance à la loi. Paix et charité.* Mais les « patriotes » de Pamiers s'opposèrent à cet exercice public du culte papiste. Il y eut des troubles. La municipalité ferma l'église. Le Directoire du département lui ordonna de la rouvrir. La municipalité refusa. Le Directoire eut beau insister, prendre de nouveaux arrêtés :

la municipalité eut le dernier mot. Dans le Tarn, le Directoire du département ne put empêcher la municipalité de Lisle de prendre, à l'instigation et en faveur du curé constitutionnel, et contre l'insermenté, à qui on ne permettait de dire sa messe dans l'église paroissiale que portes fermées, un arrêté d'après lequel « tout malade qui n'aurait pas appelé le curé (constitutionnel) après cinq jours de maladie serait censé avoir renoncé à la religion catholique et serait privé, s'il mourait, de la sépulture ecclésiastique ; le curé irait, accompagné de telles personnes qu'il voudrait, dans les maisons des malades, et ceux qui n'accepteraient pas ses secours spirituels seraient poursuivis pendant leur vie et après leur mort, le curé pouvant faire exhumer le cadavre ». La garde nationale prêta main-forte à l'exécution de ces tyranniques mesures.

Mais il y eut quelques municipalités tolérantes, comme celle d'Autun, et il y eut par contre quelques directoires hostiles à la liberté du culte, comme ceux des départements bretons. Dans le district de Châtillon (Deux-Sèvres) et dans le département de la Vendée, les querelles furent si vives que, sur l'ordre de l'Assemblée nationale, le ministre de la Justice y envoya deux commissaires, Gallois et Gensonné, pour y faire une enquête et y rétablir l'ordre. Leur rapport montre quel attachement les paysans vendéens avaient pour leurs prêtres insermentés, et comment ils étaient devenus, par amour pour eux, moins partisans de la Révolution. Les commissaires prirent le parti de suspendre, pour cette région, l'application du décret du 7 mai 1791, et de repousser les pétitions des insermentés, tendant à louer des édifices pour leur culte : « Comme ces pétitions, disent-ils, que nous savions être provoquées avec le plus d'activité par les personnes qui ne les signaient pas, nous paraissaient tenir à un système plus général et plus secret, nous n'avons pas cru devoir statuer sur une séparation religieuse que nous croyons, à cette époque et vu la situation de ce département, renfermer tous les caractères d'une scission civile entre les citoyens. »

Cela n'empêcha pas la Constituante d'insérer, le 9 août 1791, dans la Constitution, un article garantissant « la liberté à tout homme d'exercer le culte auquel il est attaché ». La loi de police du 19 juillet 1791 avait édicté l'amende et la prison contre « ceux qui auraient outragé les objets d'un culte quelconque, soit dans un livre public, soit dans les lieux destinés à l'exercice de ce culte, où ses ministres en fonctions, ou interrompu par un trouble public les cérémonies religieuses de quelque culte que ce soit ».

XII. — Les mœurs et les passions furent plus fortes que les lois. Sous la Législative, la liberté fut de plus en plus refusée aux non-conformistes. Ce clergé réfractaire, dirigé par des évêques presque tous émigrés, les « patriotes » le haïrent, le redoutèrent, comme étant la contre-révolution, et, en fait, cela devenait de plus en plus vrai. On avait l'idée qu'il fallait que la Révolution écrasât ce clergé réfractaire ou qu'elle fût écrasée par lui. Sous la pression de ce sentiment, général dans les clubs, dans les sections, dans les journaux de gauche, l'Assemblée législative, après un long débat, prit un décret politico-religieux (29 novembre 1791). Elle supprima l'obligation du serment spécial, qui avait servi de prétexte à la scission des réfractaires. Elle n'exigea plus des prêtres que le serment civique imposé à tous les fonctionnaires, se disant qu'on verrait bien ainsi quels étaient les prêtres qui voulaient vraiment conspirer contre la patrie. Si un prêtre refusait le serment civique, le Directoire de département pourrait l'éloigner provisoirement du lieu de son domicile ordinaire, et deux années de détention seraient infligées à ceux qui provoqueraient à la désobéissance aux lois ou aux autorités. Enfin le décret du 7 mai 1791 était rapporté dans deux de ses dispositions : désormais les églises paroissiales ne pourraient servir à aucun autre culte que le culte officiel, et, dans les autres églises, aucun ecclésiastique ne pourrait être admis s'il n'avait prêté le serment civique.

Le roi refusa sa sanction. Mais dans 42 départements les autorités appliquèrent le décret comme s'il était devenu loi. Ainsi, dans la majeure partie de la France, il n'y eut, à partir de décembre 1791, aucune liberté du culte pour les catholiques papistes, quoique le gouvernement persistât à réclamer l'application des lois.

L'esprit de l'Assemblée législative n'était plus

celui des auteurs de la Constitution civile, et les citoyens actifs qui avaient élu cette Assemblée s'étaient trouvés en présence de l'échec de cette Constitution. Elle n'aurait pu réussir que par l'adhésion générale du clergé et des fidèles, elle visait à l'unité de l'Église gallicane sous l'autorité de l'État, et elle avait amené une scission, où environ la moitié du clergé se dressait contre l'État. Cela fit sortir de l'ombre l'idée de la laïcité, l'idée de la Séparation. Cette idée fut soutenue dans la presse, même de gauche. A la tribune de la Législative, le 16 mai 1792, l'abbé de Moy, ex-noble, député de Paris, curé constitutionnel de Saint-Laurent, fit un grand discours pour demander l'abolition de la Constitution civile et du budget des cultes, la liberté religieuse, sauf à bannir du royaume tout prêtre qui prêcherait ou professerait des maximes contraires à la Constitution, sans d'ailleurs qu'aucun prêtre fût astreint au serment civique.

L'Assemblée législative applaudit avec sympathie cette motion, qui aurait déplu aux Constituants. Mais elle ne pensa pas qu'il fût opportun de faire une expérience de liberté, alors que la France était en état de guerre depuis le 20 avril 1792, alors que son territoire était menacé d'invasion par les Prussiens, par les Autrichiens et par ces émigrés dont, à l'intérieur de la France, le clergé réfractaire paraissait complice. C'est donc dans une vue de défense nationale, et, lui sembla-t-il, pour le salut de la patrie, que, le 27 mai 1792, elle porta contre le clergé insermenté un décret plus rigoureux que celui du 29 novembre : « Considérant que les efforts auxquels se livrent constamment les ecclésiastiques non sermentés pour renverser la Constitution ne permettent pas de supposer à ces ecclésiastiques la volonté de s'unir au pacte social, et que ce serait compromettre le salut public que de regarder plus longtemps comme membres de la société des hommes qui cherchent évidemment à la dissoudre, considérant que les lois sont sans force contre ces hommes », la Législative établissait une justice administrative contre eux. Tout prêtre insermenté serait déporté, lorsque vingt citoyens actifs du même canton le demanderaient, et la mesure serait prise par le département sur l'avis du district. Si le département n'était pas d'accord avec le district, il ferait une enquête et prononcerait ensuite. Si un ou plusieurs citoyens dénonçaient des troubles excités par des actes extérieurs d'un insermenté, le département, vérification faite, prononcerait la déportation, pour le pays que l'insermenté désignerait. Si un insermenté persistait à rester en France ou y rentrait, il serait puni de dix ans de détention.

Le roi refusa sa sanction, et ce fut un des grands griefs contre lui. De même que celui du 29 novembre 1791, ce décret fut appliqué comme loi par plusieurs directoires de département (par exemple celui de la Charente). Le 10 août 1792, quand l'insurrection fut victorieuse, la Législative décréta que les décrets qui n'avaient pas été sanctionnés par le roi seraient exécutoires, et c'est ainsi que ceux du 29 novembre et du 27 mai devinrent lois. Ils furent encore aggravés, sous la pression du péril extérieur et dans l'émotion qu'inspirait l'approche des Austro-Prussiens, par le décret du 26 août, qui obligeait tous les ecclésiastiques insermentés, sauf les infirmes et les sexagénaires, à sortir de France sous quinzaine, à peine d'être déportés à la Guyane. Le serment de liberté et d'égalité, institué depuis le 15 août 1792, était exigé de tous les ecclésiastiques. Comme très peu de non-conformistes le prêtèrent, on peut dire qu'au moment où la Législative se sépara, la liberté du culte n'existait plus pour les catholiques papistes. Dénoncés, traqués, emprisonnés, déportés, parfois mis à mort (selon des lois ultérieures), s'ils eurent aux yeux de leurs fidèles le prestige du martyre, le fait qu'on put leur courir sus, les brutaliser, les outrager impunément, comme ennemis publics, nuisit à la religion catholique elle-même, qui était plus chère aux masses rurales par ses ministres que par ses dogmes. Le spectacle de prêtres bafoués, persécutés prépara au spectacle de la religion bafouée, persécutée.

En même temps que la Législative sévissait contre les prêtres réfractaires, l'idée de la laïcité de l'État progressait, comme le montre l'affaire des processions de la Fête-Dieu à Paris en juin 1792. Jusqu'alors, les habitants étaient tenus, à cette occasion, de tendre et de tapisser l'extérieur de leurs maisons. En 1790 et en 1791, la municipalité avait renouvelé, à ce sujet, les anciennes ordonnances de police. Elle arrêta, le 20 juin 1792, sur le réquisitoire du procureur de la commune Manuel, que les citoyens ne pouvaient être forcés à cela, qu'il fallait que cette dépense fût « purement volontaire »; qu'on ne devait gêner en rien « la liberté des opinions religieuses »; que la garde nationale ne pouvait être requise pour les cérémonies d'aucun culte; enfin que les négociants ne seraient nullement tenus de fermer leur boutique. Cela parut très hardi. Camille Desmoulins écrivit : « Les rois sont mûrs, mais le bon Dieu ne l'est pas encore. » Par contre, Brissot adhéra vivement dans le *Patriote français*. Le Directoire du département de Paris donna son approbation. Ce qui fut plus significatif encore, c'est que l'Assemblée législative, invitée à la procession par le curé de Saint-Germain-l'Auxerrois, accepta d'abord, puis rapporta son décret, en décidant qu'elle ne siégerait pas ce jour-là, 7 juin, pour que ses membres pussent assister à titre individuel à la procession. Elle se conduisit presque comme s'il n'y avait plus de religion d'État, comme si l'État était laïque.

Cela ne l'empêchait pas de défendre la Révolution contre d'autres gens d'Église que les prêtres réfractaires, je veux dire contre les congrégations de réguliers ou même de séculiers. La Constituante, on l'a vu, avait supprimé tous ordres et congrégations où on fait des vœux. Mais il était permis aux religieuses de rester dans leurs couvents, et les religieux qui refusaient de sortir avaient été réunis dans différentes maisons. Beaucoup de religieux prirent parti contre la Révolution, se mêlèrent aux intrigues des prêtres réfractaires. La Législative décréta, le 4 août 1792, que toutes les maisons alors occupées par des religieux ou des religieuses seraient évacuées et mises en vente. Il n'y aurait exception que pour les religieuses consacrées au service des hôpitaux et autres établissements de charité.

La Constituante s'était refusée à prendre aucune mesure contre les congrégations séculières. Il en était qu'on estimait et qu'on aimait, comme celle des prêtres de l'Oratoire. Mais, là aussi, beaucoup d'individus avaient pris parti contre la Révolution. Le 18 août 1792, la Législative les supprima toutes sans exception, même hospitalières, ainsi que les confréries. A titre individuel, les ci-devant religieuses purent être employées dans les hôpitaux, et les membres de ces corps qui étaient employés dans des établissements d'enseignement y purent continuer leur service.

Régulières ou séculières, les congrégations n'ont plus maintenant aucune espèce d'existence, et voilà l'Église catholique diminuée, en France, par cette disparition d'une importante et militante partie de son clergé.

Un fait plus grave peut-être, ce fut la laïcisation de l'état civil, décrétée par la Législative dans sa dernière séance, 20 septembre 1792. Cette laïcisation avait été demandée par les catholiques papistes. Mis par les circonstances dans une situation analogue à celle des protestants après l'édit de 1787, ils n'avaient même pas, comme eux, la faculté de ne point passer par le curé et de recourir au juge du lieu pour leurs actes d'état civil : c'est au curé constitutionnel qu'ils étaient tenus de s'adresser, et ils ne voulaient point le faire ; ils demandaient donc que les registres de l'état civil fussent aux mains de fonctionnaires civils. La Constituante fit d'abord la sourde oreille. Le 27 août 1791, elle décréta que le mode de constater les naissances, mariages et décès serait fixé par la future Assemblée nationale. Mais elle lui indiquait en même temps dans quel esprit cette fixation devait être faite, puisqu'elle déclarait que « la loi ne considère le mariage que comme un contrat civil ». La Législative confia donc les registres de l'état civil aux officiers municipaux, établissant le régime qui subsiste aujourd'hui. En même temps, portant une autre grave atteinte à la religion, elle établissait et organisez la possibilité du divorce par une conséquence de l'article de la Constitution où il était dit que « la loi ne considère le mariage que comme contrat civil ».

L'autorité morale et le prestige de la religion catholique venaient donc de subir plusieurs échecs, au moment où se réunit la Convention nationale et où la République remplaça la monarchie.

CHAPITRE III

LA TENTATIVE
DE DÉCHRISTIANISATION
1793-1794.

I. La Convention maintient d'abord la Constitution civile. — II. Attitude hostile du pape. La Vendée. Lois sévères contre les prêtres réfractaires. — III. Premiers mouvements et premières mesures de déchristianisation. — IV. Initiative des citoyens de Ris-Orangis, qui renoncent au culte. Abdications. Fête de la Raison à Notre-Dame. — V. Diffusion et caractère du culte de la Raison. — VI. Attitude du Comité de salut public et de la Convention ; nouvelle proclamation de la liberté des cultes. — VII. La déchristianisation continue et se généralise. — VIII. Le christianisme court un sérieux risque. — IX. Le culte de l'Etre suprême. Robespierre.

I. — Élue au suffrage universel, alors que la masse était presque totalement illettrée, il eût été naturel que la Convention nationale se montrât moins philosophe que ne l'avait été la Législative, élue par des électeurs censitaires et éclairés. Mais les ex-citoyens passifs, devenus actifs à leur tour, usèrent peu de leur droit de vote. L'influence de l'esprit paysan se fit peu sentir dans la nouvelle Assemblée. Mais elle comptait dans son sein de nombreux membres de l'Assemblée constituante, et quelques membres du Comité ecclésiastique qui avait rédigé la Constitution civile, comme Camus et Treilhard. Aussi parut-elle, d'abord, assez résolue à maintenir cette Constitution.

Le 13 novembre 1792, Cambon ayant dit à la tribune que le Comité des Finances, dont il était rapporteur, préparait un projet de suppression du budget des cultes, la Convention ne l'approuva point. Au contraire, elle décréta, le 30 novembre, sur la motion de Danton, « qu'elle n'avait jamais eu l'intention de priver les citoyens des ministres du culte que la Constitution civile du clergé leur avait donnés ». Elle renouvela la même déclaration le 11 janvier 1793, et, le 27 juin suivant, alors pourtant que des évêques constitutionnels s'étaient faits les complices de l'insurrection fédéraliste, elle décréta que « le traitement des ecclésiastiques fait partie de la dette publique ».

Le 23 mars 1793, un décret excepta formellement les évêques, curés et vicaires de la loi sur le recrutement. (Un décret du 10 décembre précédent leur avait maintenu leur qualité de fonctionnaires publics). Le 27 mars, les représentants en mission Carra et Auguis dirent aux Vendéens, au nom de la Convention, que la République est fondée sur la morale de l'Évangile. À Paris, le 30 mai 1793, les processions de la Fête-Dieu eurent lieu librement et sans désordre. La Constitution de 1793 proclama la liberté de conscience.

Dans les premiers mois de sa carrière, la Convention saisit toute occasion pour affirmer, publier, non seulement qu'elle ne voulait pas détruire la religion, mais qu'elle entendait maintenir le système d'Église gallicane incorporée à l'État, c'est-à-dire la Constitution civile du clergé.

II. — En même temps, la Convention appliquait, aggravait la législation contre les prêtres réfractaires ou insermentés, c'est-à-dire papistes. Leur papisme paraissait vraiment intolérable depuis que le pape prenait parti pour les ennemis de la France. Il y eut un incident grave. Un diplomate français, Bassville, secrétaire de la légation de France à Naples, avait été envoyé à Rome pour y protéger les intérêts de nos négociants. Il arbora le drapeau tricolore sur sa demeure. Il fit prendre la cocarde tricolore à ses gens. La populace romaine le tua (13 janvier 1793). L'impunité des meurtriers fit croire à la complicité du gouvernement pontifical. Il y eut à Paris une explosion de colère contre le pape, en qui on voyait d'ailleurs l'âme de la coalition contre la France. Le clergé insermenté fut encore plus discrédité, lui qui avait été si docile à ce pape ennemi, et une part de ce discrédit alla peut-être à cette Église constitutionnelle qui, tout en se séparant du pape sur certains points de discipline, saluait en lui « le chef visible de l'Église universelle » et repoussait hautement toute idée de schisme. Le meurtre de Bassville fit du tort en France à la religion catholique elle-même. Ce fut un des incidents qui rendirent possible la tentative de déchristianisation.

Mais ce qui fit le plus de tort, alors, à la religion, ce fut la visible participation des prêtres insermentés à l'insurrection vendéenne. Sans doute, c'est la levée de 300.000 hommes qui fut l'occasion de cette insurrection, à cause de la répugnance des Vendéens à un service militaire loin de leur pays. Mais ces armées des révoltés s'appelaient « armées catholiques et royales ». Les prêtres attisèrent le feu, en même temps que les royalistes tournaient l'insurrection à leur profit. Cette guerre civile de Vendée, qui frappait la France républicaine dans le dos, pendant qu'elle se défendait contre l'étranger, c'est le grand danger qu'ait couru la Révolution, danger qui faillit être mortel, et dont le peuple, surtout à Paris et dans les villes, eut conscience. Ce fut le crime contre la patrie, cette jeune patrie religieusement adorée, crime qui parut horrible, inexpiable. On vit dans les prêtres des complices ou même des instigateurs de ce crime. Ce clergé insermenté, c'est l'ennemi, et si la religion qui a de tels ministres n'est pas encore l'ennemie, la voilà tout de même mise en suspicion par l'attitude de ce clergé antipatriote.

De tous les événements qui amenèrent l'état d'esprit d'où sortit la tentative de déchristianisation, c'est l'insurrection de la Vendée qui, par sa forme cléricale, fut le plus important, le plus influent. Je crois pouvoir dire : sans la Vendée, pas de culte de la Raison.

L'effet immédiat de cette insurrection, ce fut une aggravation des lois contre les prêtres inser-mentés.

Le 13 mars 1793, la Convention décrète la peine de mort contre les prêtres compromis dans les troubles à l'occasion du recrutement. Le même jour, elle décrète que les prêtres qui, étant dans le cas de déportation, seront arrêtés sur le territoire de la République, passeront devant un jury militaire, pour être punis de mort dans les vingt-quatre heures. Le 23 avril, elle décrète que les ecclésiastiques qui n'auront pas prêté le serment de maintenir la liberté et l'égalité seront déportés sans délai à la Guyane. Les 29 et 30 vendémiaire an II, c'est une loi terrible. Les prêtres complices des ennemis extérieurs ou intérieurs seront mis à mort dans les vingt-quatre heures, après que le fait d'avoir porté les armes contre la République aura été déclaré constant par une commission militaire, et « le fait demeurera constant, soit par une déclaration écrite revêtue de deux signatures, ou d'une seule signature confirmée par la déposition d'un témoin, soit par la déposition orale et uniforme de deux témoins ». Quant aux prêtres rentrés, il suffira, pour qu'ils subissent la peine de mort, que deux témoins déposent uniformément qu'ils étaient dans le cas de la déportation. La grande nouveauté, la grande aggravation, c'est que cette loi visait aussi le clergé constitutionnel : elle ordonnait la déportation de tous les ecclésiastiques ayant prêté les serments qui seraient dénoncés pour incivisme par six citoyens du canton, après que cette dénonciation aurait été « jugée par le directoire du département sur l'avis du district ».

Ainsi cette loi mettait en état de suspicion légale tout le clergé catholique, aussi bien les assermentés que les insermentés, aussi bien les ecclésiastiques fonctionnaires que les ecclésiastiques non fonctionnaires. Les dispositions de la Convention à l'égard de l'Église constitutionnelle ont donc changé. Pourquoi ? D'abord, parce que l'Église constitutionnelle n'a pas rempli l'office pour lequel elle a été créée, puisqu'elle n'a pas l'unité d'une Église nationale, et qu'elle ne fait pas de progrès pour la conquête de cette unité. Ce n'est donc pas une force sur laquelle la République puisse s'appuyer. D'autre part, depuis le 2 juin 1793, c'est l'avènement de la République montagnarde, et on s'est aperçu que la Montagne ne peut pas compter sur l'Église constitutionnelle, dont beaucoup de ministres ont pris fait et cause pour les Girondins, pour les fédéralistes, et ont donc trempé dans un complot de guerre civile aussi dangereux que le complot vendéen. Le clergé constitutionnel devient donc ainsi, aux yeux du peuple montagnard ou « sans-culotte », l'ennemi. Ce peuple trouve que décidément ce clergé ne vaut pas mieux que l'autre, et que les *jureurs* girondinisés sont aussi dangereux que les *non-jureurs* complices des rois et des émigrés. Était-il vrai que les constitutionnels eussent autant participé au fédéralisme que les réfractaires avaient participé à l'insurrection vendéenne ? On le croyait, on le disait, peut-être à la légère. Mais il est sûr que des évêques constitutionnels avaient marché contre la Montagne avec des administrations de départements révoltés, et, à Paris surtout et dans les villes, l'imagination populaire généralisa ce grief.

Cette généralisation s'appliqua aussi, quoiqu'avec moins d'éclat, au clergé protestant, dont le membre le plus éminent, le plus célèbre, Rabaut Saint-Étienne, siégeait à la Convention nationale, et avait hautement pris parti contre la Montagne. Marron, pasteur de l'Église réformée de Paris, fut arrêté comme modérantiste, le 21 septembre 1793, et gardé quelques jours en prison.

III. — Naguère, on opposait les bons prêtres aux mauvais. Maintenant, on croit voir qu'il n'y a pas, qu'il n'y a plus de bons prêtres. La religion catholique est discréditée dans l'esprit de beaucoup de patriotes militants. On se dit que, si le culte est l'obstacle à la défense nationale, l'obstacle à la Révolution, il faut abolir le culte. Voilà l'idée que répand çà et là l'inquiétude d'un patriotisme exaspéré. L'incrédulité de quelques disciples des philosophes, journalistes, clubistes, officiers municipaux parisiens, souffle sur ces premières étincelles de libre-pensée destructive pour en faire un incendie.

Le sanctuaire sera d'ailleurs moins difficile à

violer ; il a perdu de son prestige, depuis que le peuple y est entré pour l'exécution des décrets de la Constituante et de la Législative (29 septembre 1789, 10-12 septembre 1792) qui envoie à la Monnaie l'argenterie des églises non indispensable au culte, et aussi pour l'exécution du décret de la Convention (23 juillet 1793) qui ordonne de fondre en canons les cloches, en n'en laissant qu'une dans chaque paroisse.

Il y eut des outrages presque officiels au sanctuaire, comme quand le conventionnel Ruhl brisa, de ses mains, la Sainte-Ampoule à Reims, le 7 octobre 1793.

Le mariage des prêtres fit sourire ceux qu'il ne scandalisa pas, et le prestige de la religion en souffrit. Un des premiers qui donnèrent l'exemple de se marier fut Thomas Lindet, évêque de l'Eure, qui prit femme en novembre 1792. Pontard, évêque de la Dordogne, présenta sa femme à la Convention dans la séance du 22 septembre 1793. Le président Cambon donna l'accolade fraternelle à ces époux. On n'est plus au temps où le Comité ecclésiastique de la Constituante défendait aux prêtres de se marier. La Convention favorise les prêtres mariés par des lois. Elle décrète que, si leurs paroissiens les expulsent, ils conserveront leur traitement (19 juillet 1793) ; que toutes les destitutions de prêtres mariés sont annulées (12 août) ; que les traitements des prêtres inquiétés à raison de leur mariage sont mis à la charge des communes qui les ont persécutés, et que ces prêtres pourront aller jouir de leur traitement où ils voudront (15 novembre 1793). En réalité la Convention crée un privilège en faveur des prêtres mariés. Il y en eut plus de deux mille, dit leur historien, l'évêque constitutionnel Grégoire, qui lui-même ne se maria pas.

C'est de province que partit l'initiative du mouvement de déchristianisation, sous les auspices de quelques représentants en mission, qui n'avaient d'ailleurs aucun mandat pour cela. Ainsi Fouché, à Nevers, dans une proclamation du 26 septembre 1793, se prétendit (faussement) chargé par la Convention « de substituer aux cultes superstitieux et hypocrites, auxquels le peuple tient encore malheureusement, celui de la République et de la morale naturelle ». Le 10 octobre, il prit un arrêté sur les cimetières, dont il ne se borna pas à proscrire les emblèmes religieux : il ordonna d'écrire sur la porte : *La mort est un sommeil éternel*. Le 16 octobre, Chaumette, qui s'était rencontré à Nevers avec Fouché, fit approuver en principe cet arrêté par la commune de Paris. A Rochefort, Laignelot transforma l'église paroissiale en « Temple de la Vérité », où, en grande cérémonie, le 31 octobre, huit prêtres catholiques et un ministre protestant vinrent abdiquer.

D'autre part la commune de Paris, sur la motion de Chaumette, le 23 vendémiaire an II, avait arrêté qu'aucun ministre d'un culte quelconque ne paraîtrait hors des temples sous aucun autre costume que celui de citoyen.

La Convention elle-même avait, depuis quelque temps, pris une attitude « philosophique », qui éveilla ou excita les audaces. La fête du 10 août 1793 fut la première des fêtes nationales qui eut un caractère uniquement civil, ou, comme nous disons, laïque. Le conventionnel Hérault de Séchelles, qui la présida, parut y diviniser la Nature, dont la statue fut honorée par des libations. Le 2 octobre suivant, la Convention décréta que les cendres de Descartes seraient transférées au Panthéon, sur un rapport de Marie-Joseph Chénier, où on lisait : « Descartes n'eût-il fait que substituer des erreurs nouvelles à d'antiques erreurs, c'était déjà un grand bienfait public que d'accoutumer insensiblement les hommes à examiner, et non pas à croire. »

L'établissement de l'ère républicaine, la substitution du calendrier républicain au calendrier grégorien (décrets des 5 octobre 1793 et 4 frimaire an II), ce fut une pensée politique, ce fut aussi une pensée antireligieuse, comme on le voit par les rapports de Fabre d'Églantine et de Romme, si remplis d'outrages philosophiques au dogme. Substituer aux dates et aux fêtes usuelles d'autres dates et d'autres fêtes, abolir le dimanche, y substituer le décade, remplacer les noms des saints par ceux « des objets qui composent la véritable richesse nationale », c'était arracher au catholicisme une partie de sa parure, une partie de son prestige, c'était l'expulser violemment de l'habitude nationale. Ce décret scandalisa les étrangers : il leur sembla que déjà la France se déchristianisait.

Le Comité d'instruction publique de la Convention était devenu un foyer de propagande contre le catholicisme. Grégoire assure que Fourcroy lui disait, reprenant le mot de Voltaire : « Il faut casser cette infâme religion. » Dès le 26 juin 1793, Lakanal, au nom de ce Comité, avait proposé un plan de fêtes nationales qui, en fait, auraient remplacé les fêtes religieuses. Ce Comité, portant un coup direct à l'Église catholique, fit décréter, le 7 brumaire an II, qu'à l'avenir aucun ecclésiastique ne pourrait être nommé instituteur, ni aucune religieuse institutrice. Le 15 brumaire an II, la Convention applaudit et ordonna d'imprimer un discours où Marie-Joseph Chénier, au nom du même Comité, lui proposait de substituer au catholicisme la religion de la patrie : « Arrachez, disait-il, les fils de la République au joug de la théocratie qui le pèse encore sur eux... Libres de préjugés et dignes représenter la nation française, vous saurez fonder, sur les débris des superstitions détrônées, la seule religion universelle, qui n'a ni secrets ni mystères, dont le seul dogme est l'égalité, dont nos lois sont les orateurs, dont les magistrats sont les pontifes, et qui ne fait brûler l'encens de la grande famille que devant l'autel de la patrie, mère et divinité communes. »

IV. — C'est dans une petite commune rurale, en pleine Ile-de-France, à Ris-Orangis, que fut donné le premier exemple de déchristianisation. Le patron de la paroisse était saint Blaise. Un jeune volontaire ayant parlé de Brutus aux habitants, ils délogèrent saint Blaise, mirent Brutus à la place, donnèrent même le nom de Brutus à leur commune, et congédièrent leur curé. Les communes voisines firent de même, et, le 10 brumaire an II, les administrateurs du district de Corbeil vinrent déclarer à la Convention que la majorité de leurs concitoyens ne reconnaît plus de culte « que celui de la liberté ». La Convention décréta la mention honorable et l'insertion au *Bulletin*. Le 16 brumaire, les habitants de Mennecy (même district de Corbeil) parurent à la barre, dérisoirement vêtus de chapes, et déclarèrent qu'ils ne voulaient plus de curé, qu'ils abjuraient la superstition, qu'ils avaient remplacé chez eux les bustes de saint Pierre et de saint Paul par ceux de Le Peletier et de Marat, et érigé la statue de la Liberté sur le grand autel de leur ci-devant paroisse. Séance tenante, sur la motion de Barère, rapporteur du Comité de salut public, la Convention reconnut « le droit qu'ont tous les citoyens d'adopter le culte qui leur convient et de supprimer les cérémonies qui leur déplaisent », et elle autorisa les directoires de département à prononcer en dernier ressort sur les suppressions de paroisses. Mais la Convention, en dépit de l'attitude philosophique qu'elle avait prise, suivait le mouvement plutôt qu'elle ne le favorisait.

Ce mouvement, à Paris, devint tel que l'évêque constitutionnel de Paris, Gobel, sur l'injonction de libres-penseurs militants, comme le conventionnel Anacharsis Cloots, se décida à abdiquer ses fonctions avec onze de ses vicaires (sans cependant apostasier). Il parut à la barre de la Convention, le 17 brumaire an II, annonça sa démission, déposa sa croix et son anneau, se coiffa du bonnet rouge. Les ecclésiastiques membres de la Convention abdiquèrent de même, dans cette séance et dans les suivantes, à l'exception d'un petit nombre, dont fut Grégoire. Les pasteurs protestants, qui siégeaient à la Convention abdiquèrent aussi, comme Julien de Toulouse et Lombard-Lachaux. Le pasteur Marron, à Paris, fit de même, ou à peu près. Il apporta à la Commune, le 20 brumaire an II, les quatre coupes d'argent qui, à l'église Saint-Louis-du-Louvre, servaient à la communion et fit un discours où, sans dire formellement qu'il renonçât à ses fonctions, il condamnait la théologie et rendait hommage aux « éternels et immortels principes de l'évidence et de la morale ».

Il y eut des scènes d'enthousiasme patriotique.

A la suite de ces exemples éclatants, les abdications de curés et de vicaires furent très nombreuses dans toute la France.

Le soir même de cette journée du 17 brumaire, la commune et le département de Paris arrêtèrent que la fête du décadi suivant, 20 brumaire, aurait lieu à Notre-Dame, qu'une statue de la Liberté y serait élevée « au lieu et place de la ci-devant Sainte-Vierge », et Pache, maire de Paris, dénomma cette cérémonie « fête de la Liberté et de la Raison ».

La cérémonie du 20 brumaire fut très importante. Dans l'église de Notre-Dame, on avait voilé les signes du culte catholique et élevé une montagne artificielle, surmontée d'un temple grec, avec cette inscription : *A la Philosophie*, et quatre bustes de philosophes, sans doute Voltaire, Rousseau, Franklin et peut-être Montesquieu. Sur un autel brûlait « le flambeau de la Vérité ». On vit évoluer des théories de jeunes filles vêtues de blanc, avec des ceintures tricolores, des couronnes de fleurs, un flambeau à la main. Puis sortit du temple une belle femme, drapée dans un manteau bleu et coiffée du bonnet rouge. Personnification de la Liberté, elle reçut l'hommage des républicains, qui, en lui tendant les bras, chantaient un hymne de Marie-Joseph Chénier :

> *Toi, sainte Liberté, viens habiter ce temple,*
> *Sois la déesse des Français.*

Toute la scène avait été jouée, avec art et goût, par des actrices de l'Opéra.

Puis, le Département et la Commune se rendirent à la barre de la Convention, où Chaumette déclara, en leur nom, que le peuple ne voulait plus de prêtres, plus d'autres dieux que ceux que la nature nous offre : « Nous, ses magistrats, nous avons recueilli ce vœu, nous vous l'apportons du temple de la Raison ». Et il demanda que ce nom de temple de la Raison fût désormais celui de l'église Notre-Dame. Un décret conforme fut aussitôt rendu. L'actrice qui figurait la Liberté prit place au bureau, où le président et les secrétaires lui donnèrent l'accolade. Puis la Convention se rendit à Notre-Dame, où la cérémonie fut recommencée en son honneur.

Le lendemain 21, la Convention reçut une pétition des Sociétés populaires de Paris, qui demandaient la suppression du salaire des prêtres. Mention honorable, mais ajournement.

V. — Le mouvement de déchristianisation se généralisa vite dans Paris. Les sections renoncèrent presque toutes au culte, fermèrent leurs églises paroissiales, puis les rouvrirent comme temples de la Raison.

Le 23 brumaire, les protestants de Paris suivirent le mouvement ; ils apportèrent à la Commune les quelques coupes d'argent qui servaient à leur culte. Le président leur répondit que, si une religion devait être conservée, c'était la religion protestant : mais, dit-il, il ne faut avoir d'autre culte que celui de la Liberté et de l'Égalité.

Les temples des réformés semblent avoir été dès lors sans culte, du moins à Paris. Car, en prairial an II, le pasteur Marron fut dénoncé et, pour la seconde fois, arrêté, pour avoir célébré un mariage dans son temple, ce qui montre que le peuple croyait que l'exercice du culte y était suspendu. Ce pasteur resta en prison jusqu'à la chute de Robespierre, et, pendant sa captivité, le culte ne fut exercé ni dans le temple Saint-Louis ni (semble-t-il) ailleurs. Et cependant, dès la fin d'octobre 1793, les réformés de Paris avaient donné une grande marque de bonne volonté en transférant leur service divin du dimanche au décadi.

Les luthériens, moins nombreux, moins connus, purent continuer l'exercice de leur culte dans la chapelle de l'ambassade de Suède. Le chapelain Gambs avait pris la précaution de transférer le culte au décadi, et cette précaution lui réussit mieux qu'aux réformés. Quand aux luthériens d'Alsace, nous savont que leurs temples furent fermés, comme toutes les autres églises.

La Convention n'avait pas aboli la religion catholique, mais elle fut entraînée. Le 25 brumaire, elle affecta les presbytères, dans les communes qui auraient aboli le culte, à des œuvres d'humanité ou d'instruction. Elle accueillit avec une patience qui parut bienveillante la déprêtrisation et les mascarades antireligieuses qui affluèrent à sa barre. C'est dans la séance du 30 brumaire qu'elle se compromit davantage, quand elle admit une députation de la section de l'Unité, grotesquement revêtue d'habits sacerdotaux, et laissa défiler devant elle une parodie théâtrale du culte catholique. L'orateur de la députation ayant juré de n'avoir d'autre culte que celui de la Raison, de la Liberté, de l'Égalité et de la République, le peuple et les conventionnels s'écrièrent, d'après le procès-verbal officiel : « Nous le jurons ! Vive la République ! »

La Commune de Paris osa alors *sauter le pas*, si on peut dire, et le 3 frimaire an II (24 novembre

1793), sur la réquisition de Chaumette, elle arrêta « que toutes les églises ou temples de toute religion et de tout culte qui ont existé à Paris seront sur-le-champ fermés », et aussi que quiconque en demanderait l'ouverture serait arrêté comme suspect.

Elle ne faisait d'ailleurs que suivre, sans le savoir, l'exemple du corps municipal de Strasbourg, qui, le 2 frimaire, avait ordonné la fermeture de tous les temples et églises de Strasbourg, hormis ceux de la Raison, conformément à un arrêté pris la veille par la Commission administrative provisoire du département du Bas-Rhin.

Le « culte de la Raison », organisé de la sorte à Paris, dans les sections, se répandit aussitôt dans les départements, par les Sociétés populaires et par plusieurs représentants en mission. Il y eut beaucoup d'églises fermées alors, puis converties en temples de la Raison. Presque toutes les villes parurent se rallier au nouveau culte. Ce fut surtout dans le Sud-Ouest, par les soins de représentants en mission, Dartigoeyte et Cavaignac, que le mouvement de déchristianisation fut hardi, et hardi jusqu'à la violence.

Pris dans son ensemble, ce mouvement tendait à substituer ce qu'on appelait la religion naturelle au christianisme, à tout le christianisme. Bien que les protestants ne fussent pas impopulaires, l'attitude de quelques-uns d'entre eux dans l'insurrection fédéraliste avait déplu. Quand ils apportaient leurs modestes argenteries sacrées, on les acceptait avec des excuses polies, comme on l'a vu, mais on les acceptait. Plus d'un pasteur se crut obligé d'abdiquer. L'idée de protestantiser la France, cette idée que plus tard Edgar Quinet regrettait qu'on n'eût pas réalisée alors, comme étant le vrai moyen de décatholiciser notre nation, cette idée fut étrangère aux révolutionnaires dirigeants comme au peuple. C'est bien ce que les philosophes avaient appelé la religion naturelle qu'on voulait établir, sur les ruines du christianisme. Quelle religion naturelle ? Celle de Voltaire, si philosophique ? Ou celle de Rousseau, à formules chrétiennes ? On ne distinguait pas. On honorait à la fois Rousseau et Voltaire. Chaumette, si anticatholique, avait plutôt figure de disciple de Jean-Jacques Rousseau, et le voltairien Hébert aimait à vanter le « brave sans-culotte Jésus ». Prétendu christianisme primitif et religion naturelle, tout cela se mêlait dans l'imagination des sans-culottes qui, en 1793, se firent iconoclastes, autant par patriotisme que par libre-pensée, plus préoccupés, à Paris, de détruire que de construire.

Le culte de la Raison fut presque partout déiste (et non pas matérialiste ou athée). A Paris, quand le peuple s'en mêla, il fut joyeux. Ce fut comme une gouaillerie gamine, malgré le pédantisme de quelques lettrés. La province prit le culte de la Raison plus au sérieux. Au moins dans les villes, il y eut de graves et sincères tentatives pour abolir la religion ancienne et établir un culte rationaliste.

Les déesses de la Raison n'y furent pas, comme à Paris, des actrices ou de rieuses ouvrières, mais presque partout, et les témoins les plus hostiles ne le nient pas, de belles jeunes filles, vertueuses et sérieuses, élite de la bourgeoisie.

Nous avons moins de renseignements sur les campagnes que sur les villes. Mais nous savons que dans les plus rurales communes, beaucoup d'églises furent muées en temples de la Raison, et la correspondance des représentants en mission montre que le mouvement de déchristianisation s'étendit à presque toute la France, tant campagnarde qu'urbaine.

Nous reparlerons de l'attitude des paysans.

Qu'on ne s'attende pas à trouver une autre figure une autre âme aux sectateurs de la Raison, selon qu'ils étaient, par exemple, Bretons ou Provençaux. Si on ne célèbre pas les fêtes philosophiques partout de la même manière, si on se déchristianise d'une façon plus violente à Strasbourg et à Auch, par exemple, qu'à Chartres et à Limoges, c'est que du haut de la flèche de Strasbourg on a pu voir les avant-postes autrichiens, c'est qu'à Auch la Révolution est particulièrement menacée par les manœuvres du clergé, tandis qu'à Chartres on est loin de l'ennemi et qu'à Limoges la Révolution n'a pas d'adversaires trop dangereux.

Ce culte de la Raison fut aussi, et en même temps, le culte de la patrie, qui y domina assez vite. Les bustes des philosophes, dans les temples, furent souvent remplacés ou doublés par ceux de Marat,

de Chalier, de Le Peletier, en qui l'imagination
du peuple personnifiait, non des doctrines, mais la
France révolutionnaire poignardée par la réaction.
Peu à peu, on honora surtout la trinité des san-
glantes victimes du patriotisme.

VI. — Quelle fut, dans ces circonstances, la politique du gouvernement ?

Il s'opposa autant qu'il put à la tentative de
destruction violente et essaya, au milieu de cette
tourmente, de maintenir la liberté des cultes.

Ce n'est pas que les membres du Comité de salut
public désirassent, en croyants, le maintien du
catholicisme. Tout porte à croire qu'au contraire,
ils souhaitaient, ils espéraient que cette religion
disparaîtrait peu à peu par le progrès des lumières.
Mais ils ne voulaient pas de persécutions violentes,
par crainte de la discorde, qui affaiblirait la défense
nationale, et pour éviter de trop scandaliser l'Europe, de la rendre ainsi intraitable.

Robespierre, qui s'était tu d'abord, protesta,
à la tribune des Jacobins, le 1er frimaire an II,
contre les violences des déchristianisateurs. Lui
qui était regardé comme le chef du gouvernement,
il déclara que la Convention, en accueillant des
offrandes civiques, n'avait point proscrit le culte
catholique, n'avait point fait cette « démarche
téméraire », ne la ferait jamais, que son intention
était de « maintenir la liberté des cultes », de punir
les persécuteurs des prêtres. « Celui, dit-il, qui veut
les empêcher de dire la messe est plus fanatique

que celui qui dit la messe. » Il dénonça les déchristianisateurs comme des athées (ce qui était faux) ; il dit que « l'athéisme est aristocratique », que « l'idée d'un grand être qui veille sur l'innocence opprimée et qui punit le crime triomphant est toute populaire » ; il dénonça aussi les déchristianisateurs comme des traîtres, des agents de l'étranger : « Les lâches ne veulent que réaliser toutes les calomnies grossières dont l'Europe entière reconnaissait l'impudence, et repousser de vous, par les préjugés ou par les opinions religieuses, ceux que la morale et l'intérêt commun attiraient vers la cause sublime que nous défendons. »

Robespierre s'était mis d'accord avec Danton, lequel, à la Convention, le 6 frimaire, dit : « Je demande qu'il n'y ait plus de mascarades anti-religieuses dans le sein de la Convention... Je demande qu'on pose la barrière. »

Cette barrière ne fut cependant pas posée tout de suite. La Convention continua à accueillir à sa barre des militants du culte de la Raison, à accorder la mention honorable à des lettres qui annonçaient, en style hébertiste, des abdications de prêtres, des destructions injurieuses d'objets sacrés, des inaugurations de temples de la Raison. Couthon lui-même, le robespierriste Couthon, apporta à la tribune des reliques, et s'en moqua. Le 10 frimaire, la Convention se fit représenter à la fête de la Raison, à Saint-Roch, où l'acteur Monvel prononça un discours antichrétien, et cette députation fit un rapport enthousiaste.

Mais, le 15 frimaire, Robespierre fit adopter par la Convention une *Réponse aux manifestes des rois*, où il niait que la nation française eût proscrit toute les religions. Ils mentent, ceux qui nous peignent comme un peuple idolâtre ou insensé. Le 16 frimaire, la Convention décréta que « toutes violences et mesures contraires à la liberté des cultes sont défendues », sans qu'il soit dérogé aux lois contre les prêtres réfractaires ou turbulents.

D'autre part, la Commune, intimidée, avait reculé, déclarant, le 8 frimaire, que, par son arrêté du 3, elle n'avait jamais « entendu empêcher les citoyens de louer des maisons, pourvu que l'exercice de ce culte ne nuise pas à la société par sa manifestation ». Pendant l'hiver de 1793-1794, le culte catholique fut célébré dans des chapelles, notamment dans celle de l'Institution de l'Oratoire, rue d'Enfer, et dans celle des religieuses de la Conception, rue Saint-Honoré. Il y eut affluence de Parisiens et de paysans des environs. Ces chapelles furent fermées en floréal an II, par des arrêtés des Comités de sections, et il semble qu'ensuite le culte ne put s'exercer qu'à demi-clandestinement

VII. — Le Comité de salut public prit fort au sérieux le décret du 16 frimaire et fit tout le possible pour que les représentants en mission s'y conformassent.

Ainsi, Ingrand s'était plaint de n'avoir pu, dans le district de Montmorillon, « obtenir la renonciation d'aucun prêtre à son état et à ses sottises

religieuses ». Le Comité lui répondit, le 19 frimaire :
« Laisse les idées religieuses s'affaisser et tomber
d'elles-mêmes. C'est de la persécution que sont
nées ces guerres horribles, appelées sacrées. »
Dans une circulaire du 4 nivôse, le Comité dit aux
représentants : « Sans doute le triomphe de la
vérité sur le mensonge est certain ; hâtons-nous,
mais ne le précipitons point, quelque affligeant qu'il
soit d'avoir à combattre encore des opinions que
le bon sens aurait dû balayer avec les débris du
trône. » Il faut « éclairer ceux que d'antiques préjugés aveuglent encore ». Il faut « frapper les scé-
lérats qui ne prêchent le ciel que pour mieux
dévorer la terre ». Tolérants pour les premiers,
que les représentants en mission soient terribles
pour les conspirateurs.

Ceux des membres du Comité de salut public
qui allèrent en mission mirent en pratique ces
conseils. Ainsi Jeanbon Saint-André, le 21 frimaire,
à Cherbourg, assura par un arrêté le libre exercice
des cultes, pourvu que cet exercice se renfermât
dans les temples. Il disait aux habitants de la
Manche : « Servez à votre manière l'auteur de la
nature. Juifs, chrétiens, musulmans, disciples de
Confucius ou adorateurs du grand Lama, vous êtes
tous égaux aux yeux d'un peuple libre. » Ce qu'il
faut, c'est qu'il n'y ait pas de culte dominant.

Une partie des représentants en mission continua
la déchristianisation violente. Une partie se mo-
déra. On rencontrait d'ailleurs des difficultés dans
les campagnes. Ainsi, dès le milieu de novembre,

à Courtalin, en Seine-et-Marne, tout près de la région d'où était parti le premier exemple d'abolition du culte, les paysans prirent les armes pour réclamer la réouverture des églises, et le représentant en mission Godefroy conseilla au Comité de salut public d'accéder à ce vœu. Dans le même département, à Jouy-sur-Morin, une centaine d'hommes armés de fusils, de piques et de faux menacèrent le représentant Morisson, disant « qu'ils voulaient la religion catholique et qu'il n'y eût plus de Jacobins ». Vœu religieux mêlé à un vœu politique. Et ce mélange fait qu'on peut se demander si ce ne sont pas des contre-révolutionnaires qui avaient provoqué ce soulèvement. A Villequiers (Cher), on cria : « Nous voulons notre religion ! Nous périrons pour la soutenir ! Nous voulons tout comme par le passé, et alors nous marcherons de bon cœur. » *Nous voulons tout comme par le passé...* Est-il vraisemblable que des paysans, à peine délivrés du dur poids des droits féodaux, aient demandé ainsi le rétablissement total de l'ancien régime ? Il est probable qu'ils répètent, sans la bien comprendre, une phrase qui leur a été dictée, et que leur insurrection n'a pas été inspirée par la piété seule.

Toutes les églises ne furent pas fermées à la fois et partout. Ainsi, en nivôse an II, les églises étaient ouvertes et les catholiques y célébraient le culte dans les départements de la Dordogne, du Loiret, du Loir-et-Cher. Ces différences de traitement expliquent pourquoi les contre-révolutionnaires ne purent essayer de créer partout une agitation. L'injustice de telles différences servit d'argument aux catholiques de Rouen pour obtenir, le 27 frimaire, des représentants en mission, la réouverture de toutes les églises de Rouen. Il en fut de même dans la Marne. Ces réouvertures ne furent, presque toutes, que provisoires. Les églises furent de nouveau fermées partout où on s'aperçut que les rassemblements pour le culte étaient aussi politiques que religieux.

Voilà la principale raison pour laquelle l'application du décret du 16 frimaire, qui avait proclamé la liberté des cultes, fut contrariée. Sans cesse, les Comités révolutionnaires, les Sociétés populaires dénonçaient aux représentants, avec preuves à l'appui, les inconvénients, en temps de guerre civile et étrangère, de cette liberté religieuse qui servait de masque ou de moyen aux entreprises contre-révolutionnaires. Quant, en cas de troubles, les représentants poussaient une enquête à fond, il était rare qu'ils ne trouvassent pas la main d'un prêtre. Troubles et inquiétudes continuant, il arriva que, même après l'institution du culte de l'Etre suprême, quoique ce culte parût moins antichrétien que le culte de la Raison, quoique Robespierre fût peut-être devenu l'espoir de plus d'un catholique, il arriva, dis-je, que le mouvement de déchristianisation resta fort. Ou, pour mieux dire, c'est peut-être alors qu'il fut le plus fort. C'est alors qu'il fut procédé à la fermeture du plus grand nombre d'églises.

Dans le Lot-et-Garonne et les Landes, le représentant Monestier (de la Lozère), pourtant modéré, érigea le nouveau culte de l'Etre suprême, continuation du culte de la Raison, en religion dominante, exclusive, dès la fin de germinal an II, abolissant ainsi indirectement le catholicisme. D'autres représentants l'abolissaient directement. Ainsi le conventionnel Siblot, ayant constaté que, dans la Seine-Inférieure et l'Eure, il se disait encore des messes dans plusieurs communes, écrivit au Comité : « Par mon arrêté du 18 germinal, j'y ai mis fin. On ne dit plus de messes dans ces deux départements, et le peuple, loin de murmurer, applaudit à la mesure, parce qu'il est convaincu qu'elle assure sa tranquillité. » Le conventionnel Vernerey, en messidor an II, écrit de l'Allier : « Lors de mon arrivée dans ce département, le culte catholique romain s'y exerçait encore publiquement dans presque toutes les communes. Des apôtres de la vérité et de la raison y ont été envoyés : ils ont parlé au peuple avec prudence et sagesse, et, avant mon départ de ce département, il ne restait pas une église ouverte. Le fanatisme y a expiré sans convulsion. »

Une des mesures révolutionnaires qui empêchèrent le plus la célébration du culte catholique, ce fut le rassemblement des prêtres qu'on put saisir au chef-lieu du district, par divers arrêtés de représentants. Plus de prêtres, plus de culte. Il arriva que, dans des communes rurales, les habitants, ne pouvant renoncer à leurs habitudes, se réunirent pour chanter eux-mêmes l'office. Parfois même le maître d'école officia à la place du curé. Le Comité de salut public, en dépit du décret du 16 frimaire, interdit ces rassemblements comme contre-révolutionnaires, notamment à Chauny. Il écrivit à Roux, représentant dans l'Aisne et les Ardennes : « Le Comité appelle toute ta surveillance sur ces innovations perfides. Dissipe ces tourbes d'agitateurs, étouffe ces coassements marécageux ; que la voix de la raison succède enfin, mais que la prudence prépare ses succès, assure son triomphe. »

La correspondance des représentants nous montre qu'il y eut dans les campagnes, çà et là, des mouvements de réaction, de résistance, en faveur du catholicisme. Il y eut des indignations, des chagrins, une souffrance d'âmes pieuses, et on lit, dans les papiers de Robespierre, de touchantes plaintes de catholiques, qui lui demandent le rétablissement du culte. Parmi les insurgés vendéens et bretons, il en est sans doute qui prirent les armes pour des motifs de piété, ou du moins par amitié pour leurs prêtres. Mais c'est un fait qu'il n'y eut pas, pour demander la religion catholique, une jacquerie générale, ou même de grandes jacqueries partielles, comme celles qu'avait provoquées, en 1791 et en 1792, la question des droits féodaux.

Sans doute, comme je l'ai dit pour les débuts du culte de la Raison, il faut tenir compte du fait que toutes les églises ne furent pas alors partout et à la fois fermées. J'ai dit qu'ensuite on en ferma un plus grand nombre. Il y a dans les papiers de Grégoire une note qui nous apprend qu'en germinal an II on disait encore publiquement la messe dans environ cent cinquante paroisses. Par des témoignages sérieux, nous savons qu'en thermidor, à la veille de la chute de Robespierre, le culte catholique était encore debout dans deux districts, celui d'Hazebrouck (Nord) et celui de Saint-Hippolyte (Doubs).

J'avais cru pouvoir, naguère, conclure de ces faits que les déchristianisateurs s'étaient heurtés à une impossibilité morale et matérielle, à cause d'un invincible attachement de la masse, surtout rurale, à la religion catholique. J'avais généralisé. J'avais conclu de certaines résistances, de certaines persistances, à un état d'esprit général, dans les campagnes. Aujourd'hui, peut-être parce que j'ai vu plus de documents, je suis frappé du petit nombre, du peu de gravité des émeutes paysannes causées par la déchristianisation, et, dans ces émeutes, du mélange de la politique avec la foi.

Je suis surtout frappé de l'indifférence du paysan. En voici un exemple, qu'on connaît par M. L. Testut, dans sa récente histoire de la petite ville de Beaumont-du-Périgord. Des habitants de St-Avit Sénieur (Dordogne) écrivent à la Convention nationale vers la fin de l'an II : « Depuis plus de quatre mois, nos autels sont sans ministres. Nous serions bien loin d'en murmurer, si une partie de nos contributions ne continuait pas d'être destinée aux frais du culte. Mais il est dur pour nous de prendre sur nos besoins (car nous ne connaissons pas de supperflu) pour payer des prêtres dont nous ne retirons aucun service. » Ce sont des bourgeois qui écrivent cette lettre. Mais ils parlent de l'état d'esprit du peuple paysan : « Il demande encore des prêtres, disent-ils, surtout quand il paye pour en avoir. Mais s'il gagnait à s'en passer, soyez persuadés que l'intérêt lui ferait faire des autres réflexions, et qu'il trouverait peut-être commode de ne pas en avoir. »

VIII. — S'il n'y eut pas de jacquerie générale, c'est qu'il y a donc, dans le paysan français, un fond d'indifférence en matière religieuse. A voir comme il a, en somme, *laissé faire*, on a le sentiment que le christianisme était en lui superficiel, comme si l'introduction de ce culte dans ses anciennes habitudes était récente. S'il n'a pas été remué dans les profondeurs de son âme par les insultes au christianisme, c'est peut-être que le christianisme n'avait pas pénétré dans ces profondeurs.

Si on avait continué jusqu'au bout le système de violence et de destruction, il n'est pas bien sûr qu'on n'eût pas extirpé de la conscience paysanne une religion qui n'y avait peut-être que des racines courtes. Cette extirpation ne se serait point faite, dans les campagnes, au profit de la « religion naturelle ». Le paysan, totalement illettré alors, serait sans doute revenu pour un temps à ses anciennes habitudes d'avant le christianisme, à ces pratiques de magie, de sorcellerie, que le christianisme avait absorbées dans son culte.

Dans les villes, il ne semble pas que les déchristianisateurs aient rencontré des difficultés graves, ni chez les ouvriers, ni chez les bourgeois. A Paris et dans les quelques villes où les ouvriers étaient nombreux, le prolétariat, les sans-culottes, ou applaudissent aux mascarades antireligieuses, ou y participent, prenant un visible plaisir à l'irrévérence. Pas une protestation. On s'y amuse comme à une bonne farce, et le *Père Duchesne*, si grossier contre la religion, sait bien qu'il ne déplaît pas ainsi aux ouvriers. Les ci-devant nobles, ceux restés en France, étaient volontiers incrédules, voltairiens. C'est après coup, et par politique, qu'ils s'indignèrent. La bourgeoisie était généralement imbue de la religion naturelle, celle de Voltaire, celle de Rousseau, surtout celle de Rousseau. Il est possible que le scandale des insultes populaires à la vieille religion lui ait été désagréable, mais nous n'en savons rien. N'oublions pas que la Convention elle-même, comme on le voit dans son procès-verbal officiel, applaudit à ces insultes, et que Robespierre, Danton n'osent réagir que par des objections politiques et d'opportunité. Personne ne s'enhardit à prendre ouvertement, dans la Convention (à l'exception de Grégoire), la défense d'une religion qui, la veille encore, était la religion nationale.

Sans être libre, la presse n'était pas encore esclave comme elle le devint après l'exécution des hébertistes et des dantonistes. Un journaliste aurait d'autant moins hésité à critiquer la déchristianisation qu'il se serait su d'accord avec la pensée, tantôt secrète, tantôt ouverte, du gouvernement. Les journaux différèrent seulement par la place plus ou moins grande qu'ils donnèrent aux comptes rendus de manifestations impies. Il n'y eut point de campagne de presse contre la déchristianisation.

Certes, je l'ai dit, je le répète, cette déchristianisation fut, à l'origine, surtout un moyen ou un expédient de défense nationale, de défense de la Révolution. On bousculait l'autel afin de réduire à l'impuissance tous ces prêtres antipatriotes ou, ce qui était la même chose, contre-révolutionnaires. Mais le patriotisme anima la philosophie, comme la philosophie anima le patriotisme. Si les Français instruits d'alors n'avaient pas été ardemment patriotes, ils ne se seraient pas ainsi dressés contre la religion catholique. Mais s'ils n'avaient pas été ardemment philosophes, ils n'auraient pas poussé si loin ce mouvement de destruction, il ne se serait pas créé une telle atmosphère d'allégresse militante.

Patriotisme, philosophie, indifférence de la masse rurale, voilà les causes qui mirent alors le christianisme en échec. Cet échec serait-il devenu définitif, si la violence eût continué à détruire ? Ce qui est sûr, c'est qu'alors la plupart des Français s'étaient mis à se passer de religion, et que l'habitude de plusieurs siècles se trouva rompue, sans que l'historien, si attentive que soit son oreille, puisse percevoir un gémissement général des Français d'alors, un grand cri populaire de plainte et d'angoisse. Si les victoires qui sauvèrent la France, qui réduisirent à l'impuissance ces étrangers et ces contre-révolutionnaires dont les prêtres semblaient complices, si, dis-je, ces victoires avaient tardé davantage, si le patriotisme avait plus longtemps soutenu la philosophie, si la violence avait eu des raisons de persévérer, qui peut affirmer qu'une telle aventure n'eût pas été décidément fatale au christianisme en France ?

IX. — Mais revenons aux faits. Il en est un dont je n'ai parlé que par allusion : c'est l'établissement du culte de l'Etre suprême, sous lequel la déchristianisation continua, et qui ne fut d'ailleurs, en réalité, que la suite du culte de la Raison en d'autres formes, en des formes robespierristes.

Robespierre, admirateur, adorateur de Jean-Jacques Rousseau, ne prisait pas seulement en lui, comme le faisaient tant de Français d'alors, la nouveauté éloquente de sa morale, son aimable conseil de retour à la nature, mais surtout ses vues politico-religieuses. Dans le *Contrat social*, Rousseau, tout en déclarant qu'il ne peut y avoir de « religion nationale exclusive », réclamait une « profession de foi civile », qui, au fond, n'était autre chose qu'une religion d'État. « Il y a, disait-il, une profession de foi dont il appartient au souverain (c'est-à-dire au peuple) de fixer les articles, non pas précisément comme dogmes de religion, mais comme sentiments de sociabilité, sans lesquels il est impossible d'être bon citoyen ni sujet fidèle. » Ces dogmes indispensables sont l'existence de la Divinité puissante, intelligente, bienfaisante, prévoyante et pourvoyante, la vie à venir, le bonheur des justes, le châtiment des méchants, la sainteté du contrat social et des lois. On est libre de ne pas y croire. Si on n'y croit pas, on sera banni, non comme impie, mais comme insociable.

Telle était, dans Rousseau, l'idée du culte de l'Être suprême, qu'à sa suite beaucoup de Français avaient adopté intérieurement et où ils trouvaient une règle de vie. C'est ce culte que Robespierre voulut ériger en religion d'État, religion dont il serait le pontife. Il attendit, pour réaliser son dessein que l'échafaud l'eût débarrassé de ses adversaires de droite et de gauche, des dantonistes, qu'il fit guillotiner comme traîtreusement indulgents, des hébertistes, qu'il fit guillotiner comme traîtreusement athées, les englobant tous, d'ailleurs, dans une accusation d'impiété.

Alors il fait adopter par le Comité de salut public son grand projet politico-religieux, dont il est lui-même le rapporteur devant la Convention nationale, le 18 floréal an II.

Dans ce rapport, il accommode aux circonstances les idées de Rousseau. Il s'élève contre les hommes qui, vendus à l'ennemi, « attaquèrent tout à coup les cultes par la violence pour s'ériger eux-mêmes en apôtres fougueux du néant et en missionnaires fanatiques de l'athéisme ». Ce n'est point comme philosophe, dit-il, qu'il dénonce l'athéisme, mais comme politique : « Aux yeux du législateur, tout ce qui est utile au monde et bon dans la pratique est la vérité. L'idée de l'Etre suprême et de l'immortalité de l'âme est un rappel continuel à la justice : elle est donc sociale et républicaine. » Le déisme fut la religion de Socrate et celle de Léonidas, « et il y a loin de Socrate à Chaumette et de Léonidas au Père Duchesne ». Tous les conspirateurs ont été, selon lui, des athées, et il dénonce comme athées ses ennemis tués, Guadet, Hébert, Vergniaud, Gensonné, Danton. Il lance, en prédicateur, l'anathème à la « secte » des Encyclopédistes. Après avoir loué Rousseau du ton dont Lucrèce avait exalté Épicure, il se tourne vers les prêtres, et, d'un air à la fois irrité et rassurant, il oppose à leur christianisme corrompu le christianisme épuré des vrais serviteurs de l'Etre suprême. Ce culte déiste doit être national, et il le sera, si toute l'éducation publique est dirigée vers un même but religieux, et surtout si des fêtes populaires et officielles glorifient la Divinité. Ce culte réussira, si les femmes le veulent : « O femmes françaises, chérissez la liberté... ; servez-vous de votre empire pour étendre celui de la vertu républicaine. »

Mais sera-t-on libre d'être philosophe à la façon de Diderot, par exemple ? Vague, terrible est la réponse : « Malheur à celui qui cherche à éteindre le sublime enthousiasme !... » La nouvelle religion nationale ne laissera aux hommes que la liberté du bien. « Commandez à la victoire, dit Robespierre, mais replongez surtout le vice dans le néant. Les ennemis de la République, ce sont les hommes corrompus. » Or le vice, c'est l'athéisme, et sont athées tous ceux qui, en religion (ou même en politique) ne pensent pas comme Robespierre. Donc il n'y aura en fait, sous ce pontificat, aucune liberté religieuse.

. Séance tenante, 18 floréal an II (7 mai 1794), fut voté le décret qui établit et organisa le culte de l'Être suprême. L'établissement, c'est l'objet des trois premiers articles ainsi conçus : « 1. Le peuple français reconnaît l'existence de l'Être suprême et l'immortalité de l'âme. — 2. Il reconnaît que le culte digne de l'Etre suprême est la pratique des devoirs de l'homme. — 3. Il met au premier rang de ces devoirs de détester la mauvaise foi et la tyrannie, de punir les tyrans et les traîtres, de secourir les malheureux, de respecter les faibles, de défendre les opprimés, de faire aux autres tout le bien que l'on peut, et de n'être injuste pour personne. » L'organisation, c'est l'objet des articles qui instituent des fêtes « pour rappeler l'homme à la pensée de la Divinité et à la dignité de son être ». Outre les quatre fêtes politiques, anniversaire du 14 juillet 1789, du 10 août 1792, du 21 janvier 1793, du 31 mai 1793, il y aura trente-six fêtes, empruntant leurs noms « des vertus les plus chères et les plus utiles à l'homme, des plus grands bienfaits de la nature ». En tête venait la fête « à l'Etre suprême et à la Nature »; puis la Nature disparut du titre de cette fête, et il fut décidé, dans le même décret, qu'il serait célébré, le 20 prairial suivant, une première fête en l'honneur du seul Etre suprême.

Avant le vote du décret, et comme on demandait l'impression du rapport, Couthon dit que cet honneur ordinaire ne suffisait pas, que « la Providence avait été offensée », et qu'il fallait l'honneur extraordinaire d'un affichage dans les rues et d'une traduction « dans toutes les langues ».

Le 23 floréal, le Comité de salut public arrêta qu'au frontispice des édifices ci-devant consacrés au culte on substituerait l'inscription : *Temple de la Raison*, les mots : *Le peuple français reconnaît l'existence de l'Etre suprême et l'immortalité de l'âme*, et que pendant un mois les agents nationaux, à chaque décade, dans les temples, liraient au peuple le rapport et le décret. Cet arrêté semble avoir été partout exécuté. Souvent la nouvelle inscription fut gravée en lettres d'or. Il y eut un pétitionnement pour que ce culte fut salarié par l'État.

Le robespierriste maire de Paris, Fleuriot-Lescot, dans une proclamation aux Parisiens, annonça que Dieu allait récompenser la France du décret du 18 floréal : « L'abondance est là, dit-il, elle vous attend. L'Etre suprême, protecteur de la liberté des peuples, a commandé à la Nature de vous préparer d'abondantes récoltes. Il vous observe : soyez dignes de ses bienfaits. »

L'adhésion des Jacobins ne fut pas très facile à obtenir. Le jeune Jullien, membre de la Commis-

sion de l'Instruction publique, et ainsi membre
du gouvernement, vint affirmer au club que le
sentiment religieux était l'âme du patriotisme,
et que les soldats envoyés contre les Vendéens
ne se faisaient tuer que « pour s'élancer dans le
sein de la Divinité ». Les Jacobins hésitèrent.
Il y eut un vif débat. Robespierre et Couthon
durent intervenir, évoquer le spectre de la « conspi-
ration de l'étranger ». Il fallut même que Robespierre désavouât et fit rejeter, dans l'adresse proposée par Jullien, un passage où il demandait,
d'après Rousseau, que ceux qui ne croiraient pas
à l'existence de Dieu fussent bannis de la République. Ainsi amendée, l'adresse fut adoptée.
Mais le mécontentement intime des Jacobins
s'exprima bientôt par l'élection de Fouché à la
présidence de leur club, le 18 prairial suivant,
deux jours avant la fête de l'Être suprême.

Quand l'adresse fut lue à la Convention, Carnot,
qui présidait, répondit froidement, parla plutôt
en disciple de Diderot, parut confondre Dieu avec
la nature, et, par les nuances de son langage, fit
sentir, autant qu'il était possible sans risquer
l'échafaud, qu'il n'adhérait pas de cœur au nouveau
culte, au pontificat de Robespierre.

Ce n'était que de timides et discrètes oppositions.
Un incident permit à Robespierre de ne pas s'en
préoccuper. Le 4 prairial, une jeune fille, Cécile
Renault, fut arrêtée comme suspecte de vouloir
l'assassiner ; il prit ainsi figure de martyr, et de
martyr de la religion nouvelle. Il y eut aussitôt,

dans beaucoup de parties de la France, un mouvement de sympathie pour Robespierre, et on a trouvé dans ses papiers des lettres où on le traitait, non seulement en pontife, mais en dieu. Les députations affluèrent à la barre de la Convention, pour remercier l'Etre suprême d'avoir sauvé Robespierre.

Il fut élu président de quinzaine de la Convention le 16 prairial, ce qui lui donnait par avance le premier rôle dans la fête du 20, qui eut lieu en effet sous sa présidence. Ce fut une belle fête, préparée et ordonnée par David, aussi majestueuse que les fêtes catholiques, sous de tout autres formes. Robespierre fit des discours, mit le feu à une statue de l'athéisme, eut de nobles paroles, de nobles gestes. Le public n'entendit pas les sarcasmes menaçants que ses collègues, qui le suivaient, proférèrent à demi-voix derrière lui et contre lui. L'homme se montra en gloire, il parut être un chef de gouvernement et un chef de religion, un pontife et un dictateur.

Ce culte de l'Etre suprême a semblé, rétrospectivement, avoir été une réaction, non seulement officielle, mais populaire, contre le culte de la Raison. On dit que quelques catholiques ignorants s'y trompèrent, qu'ils virent là un premier pas vers le retour au catholicisme. L'abbé Grégoire assure que de vieilles femmes vinrent à ces cérémonies avec leurs livres de messe. Mais la masse du peuple français n'eut pas ce sentiment. En dépit du changement d'inscription sur les temples, culte de la Raison, culte de l'Etre suprême, ce fut, pour les patriotes militants, pour les sans-culottes, surtout dans les départements, la même chose, une destruction et un remplacement du catholicisme. Avant le décret du 18 floréal, en adorant la Raison, on se vantait d'adorer Dieu ; après le décret du 18 floréal, en adorant Dieu, on ne crut pas cesser d'adorer la Raison, puisque celle-ci n'était considérée que comme une émanation de celui-là, et nous avons vu que la déchristianisation continua de plus belle. En réalité, il n'y eut pas de changement profond dans le nouveau culte national et philosophique, installé, à la place du catholicisme, dans les temples catholiques. Sous le nom d'Etre suprême, comme sous le nom de Raison, c'est de plus en plus la patrie qu'on adore, et le culte de l'Etre suprême, tout comme celui de la Raison, va bientôt, sans que le peuple les distingue bien l'un de l'autre, se confondre et se perdre dans le patriotisme.

Le patriotisme, fervent et religieux dans le danger de la patrie, n'a plus une ferveur si religieuse quand la victoire de Fleurus a assuré l'indépendance de la France. Rassuré, calmé, ce patriotisme n'anime plus de son feu le culte de l'Etre suprême, qui languit bientôt, surtout quand son pontife a disparu.

CHAPITRE IV

LA SÉPARATION DE L'ÉGLISE
ET DE L'ÉTAT
1794-1802

I. En septembre 1794, le salaire du clergé est supprimé. — II. Loi du 3 ventôse an III : séparation et liberté. Renaissance de l'Église constitutionnelle et réapparition du culte romain. — III. Loi du 11 prairial an III ; restitution des églises aux fidèles. — IV. Loi du 7 vendémiaire an IV : police générale des cultes. — V. Tableau des sectes religieuses, des groupements rationalistes sous le régime de la Séparation. Politique religieuse du Directoire : déchristianisation dans la liberté, par l'instruction publique et les fêtes décadaires. — VI. Laïcisation générale. Destruction de tout ce régime par le Concordat.

I. — La Constitution civile du clergé n'avait pas été formellement abolie, même quand le christianisme avait paru abattu. On continuait à payer, plus ou moins régulièrement, les salaires aux ministres du culte catholique, abdicataires ou non abdicataires. L'idée de ne plus payer ces salaires avait été présentée plus d'une fois, dans les journaux, dans les clubs, à la tribune même de la Convention (comme on l'a vu), mais sans succès.

Il apparut enfin, quand les victoires militaires eurent aboli la Terreur, que l'union de l'Église et de l'État était devenue impossible, à cause de l'attitude contre-révolutionnaire qu'avait prise le clergé en général, même le clergé constitutionnel. Il apparut aussi que, les circonstances ayant détendu le ressort de la violence, il n'était plus possible de détruire le christianisme par la force. La République n'était plus en danger, la situation allait peut-être devenir normale. Le décret du 16 frimaire an II, qui avait proclamé la liberté des cultes, n'avait point été abrogé, quoiqu'il fût violé presque partout. Enfin l'idée de l'État laïque avait été enseignée par l'expérience même. Les esprits étaient donc préparés à la Séparation.

La 2e sans-culottide an II (18 septembre 1794), au nom du Comité des Finances, Cambon, comme en novembre 1792, mais plus opportunément, proposa de supprimer le budget des cultes. Il se plaça surtout au point de vue financier, mais aussi, avec rudesse et mépris, au point de vue philosophique et politique. Il montra que l'État doit être indépendant de toute religion. Si, dit-il, l'État proclame un principe religieux quelconque, il y aura aussitôt un clergé à payer. Les ministres du culte de l'Etre suprême ne demandaient-ils pas déjà un salaire ?

Le projet de Cambon fut, séance tenante, voté avec applaudissements.

Voici le principe : « La République française ne paie plus les frais ni les salaires d'aucun culte. » Venaient ensuite des dispositions transitoires : on accordait aux prêtres alors en service le même secours annuel qu'aux abdicataires.

Ce décret, si on en juge par les termes du rapport, n'avait été inspiré, ni par un esprit de bienveillance pour le catholicisme, ni même par un esprit de liberté. Il est fort possible que Cambon n'y ait vu que ce qu'il disait y voir, une mesure d'économie, et que la Convention ne l'ait voté que comme une mesure de combat contre l'Église. Néanmoins, il semble avoir été généralement interprété comme un acte de désarmement à l'égard du christianisme, et, sinon comme un commencement de liberté, du moins comme un espoir de liberté.

Mais la déchristianisation ne cessait pas. Ainsi, le 3 frimaire an III, à Albi, les représentants en mission Mallarmé et Bouillerot interdisent tout exercice du culte dans la région, tout rassemblement, sauf pour célébrer le décadi : « S'il arrivait, disent-ils, que, sous prétexte de célébrer le culte, plusieurs citoyens se rassemblassent, même dans leur domicile ou tout autre, ils seront déclarés suspects et traités comme tels. » Sans doute, c'est à l'occasion de troubles que ces représentants prennent cet arrêté terroriste ; mais les termes de leur arrêté font voir que leur zèle fut non moins philosophique que patriotique.

Le 27 brumaire an III, sur le rapport de Lakanal, la Convention avait voté ce que nous appellerions aujourd'hui la laïcisation de l'enseignement primaire : la religion était bannie des écoles et remplacée par l'étude de la Déclaration des Droits, de la Constitution, de la « morale républicaine ». Les presbytères non vendus serviraient de logement aux instituteurs.

Ce christianisme qu'on n'a pu détruire par la force, ce devient presque un dessein officiel et avoué de le détruire par l'éducation, par la diffusion ses lumières, par le patriotisme même.

De ce dessein s'inspire le rapport fait, le 1er nivôse an III, au nom du Comité d'Instruction publique, par Marie-Joseph Chénier, sur l'organisation de ces fêtes décadaires dont il était question depuis longtemps. Chénier croit qu'on ne peut détruire ce qu'il appelle les préjugés, le fanatisme (entendez le christianisme, ou du moins le catholicisme) que par des institutions et des enseignements, et il propose d'instituer en principe une fête civique, chaque décadi, dans toutes les communes de la République : on y fera une instruction morale, on y chantera des chants patriotiques, on y dansera et on s'amusera « spontanément ». La Convention vota un des articles de ce projet.

C'est dans ce débat que se produisit un incident qui frappa les esprits. Le conventionnel Grégoire, évêque constitutionnel, parut à la tribune en habit sacerdotal, et prononça un grand discours, où il demandait la liberté des cultes, et où aussi il opposait l'esprit chrétien à l'esprit philosophique, appelant hautement la résurrection du catholicisme, laissant entendre qu'à son avis la République ne vivrait que si elle devenait chrétienne. La Convention passa ardemment à l'ordre du jour sur la motion de Grégoire.

Mais ce discours produisit une grande impression, et il fut le signal de la restauration presque spontanée du catholicisme.

En Loir-et-Cher, dans le diocèse même de Grégoire, les églises se rouvrent dès janvier 1795, et le clergé constitutionnel rentre en fonctions. Ailleurs, dans le Doubs, c'est le clergé réfractaire qui relève les autels. Les représentants en mission et le Comité de salut public font eux-mêmes revivre le culte en Bretagne et en Vendée. Ce mouvement de résurrection religieuse se généralise. D'autre part, c'est l'époque où la Convention commence ces négociations qui aboutiront aux traités de Bâle, et, comme au temps de Robespierre, elle tient à ne pas garder figure de gouvernement athée ou même impie.

II. — Voilà pourquoi un peu de liberté légale est rendue au catholicisme par le décret du 3 ventôse an III (21 février 1795), rendu sur le rapport de Boissy d'Anglas.

Le rapporteur se réjouit de la Séparation : « Citoyens, dit-il, le culte a été banni du gouvernement, il n'y rentrera plus. » Puis il déclare la religion catholique intolérante, dominatrice, sanguinaire, puérile, absurde et funeste. L'idéal, ce serait qu'au lieu d'une religion, « les hommes s'éclai-

rassent par les lumières de la raison et s'atta-
chassent les uns aux autres par les seuls liens de
l'intérêt commun, par les seuls principes de l'organisation sociale, par ce sentiment impérieux qui
les porte à se rapprocher et à se chérir ». C'est par
« la sagesse des lois » que la Convention préparera
« le seul règne de la philosophie, le seul empire de
la morale ». « Bientôt on ne connaîtra plus que pour
les mépriser ces dogmes absurdes... Bientôt la
religion de Socrate, de Marc-Aurèle, de Cicéron
sera la religion du monde. » Mais, pour arriver
à ce but, procédons lentement, comme la nature.
Point d'hébertisme, point de persécution.

Ainsi le dessein de substituer la « religion naturelle » au christianisme s'affirme de nouveau. La
déchristianisation n'a pu se faire par la violence.
On espère l'opérer par la liberté, mais avec une bonne
loi de police.

Cette loi du 3 ventôse an III proclame la liberté
de tous les cultes, renvoie en police correctionnelle
ceux qui contrarieraient ou qui outrageraient
l'exercice d'un culte, déclare que l'État n'en salarie
ni n'en loge aucun, interdit toute cérémonie extérieure, tout signe extérieur, toute inscription
extérieure, ainsi que toute proclamation ou convocation publique. Nul ne peut paraître en public
avec les habits, ornements ou costumes affectés
à des cérémonies religieuses. Tout rassemblement
pour l'exercice d'un culte est sous la surveillance
de la police. Les communes ne peuvent acquérir
ni louer de local pour un culte ; il ne peut être

formé aucune dotation perpétuelle ou viagère ni établi aucune taxe pour en acquitter les dépenses.

Aussitôt le catholicisme reparut partout, à Paris comme dans les départements, par un mouvement spontané de résurrection, auquel prirent part les deux organisations catholiques parallèles et ennemies : le clergé réfractaire et le clergé constitutionnel.

Les réfractaires émigrés rentrent un à un, furtivement. Ils sont plus riches, plus ardents que le clergé constitutionnel. Ils marchent sous les ordres du pape; plusieurs d'entre eux reviennent de Rome. D'autres, jusque-là cachés dans des retraites sûres, reparaissent en public.

Le clergé constitutionnel n'a plus d'existence légale. C'est cependant encore à lui que va la bienveillance des autorités, d'autant plus que beaucoup de prêtres réfractaires sont encore sous le coup des lois de proscription. C'est aux messes constitutionnelles qu'assistent des municipalités, des représentants en mission.

D'abord ce clergé ci-devant officiel est un peu désorienté par le profit que les réfractaires tirent de la loi du 3 ventôse. Mais Grégoire le réconforte et, véritablement, l'organise. C'est Grégoire. le premier, qui ose faire acte d'évêque : dès le 22 ventôse an III, il adresse à ses diocésains une lettre pastorale qui fait grand bruit et grand effet, parce qu'il y affirme la réconciliation de la Révolution et du christianisme : « Le vaisseau de la République, dit-il, et celui de l'Église, battus par les orages, marcheront de conserve et arriveront heureusement au port. »

Trois jours plus tard, le 25 ventôse, les évêques constitutionnels réunis à Paris adressent une lettre encyclique « à leurs frères les autres évêques et aux églises vacantes ». Ils se félicitent de la Séparation de l'Église et de l'État. Il réorganisent l'Église gallicane, fixent l'élection des évêques, leur institution par leurs collègues, conservent les arrondissements ecclésiastiques de 1790, ainsi que les paroisses. C'est la Constitution civile, mais sans l'attache et la consécration de l'État. Ces évêques fondent une Société de philosophie chrétienne, composée de clercs et de laïques, dont Grégoire est l'âme. Ils se procurent un organe périodique, les *Annales de la religion*. Quelques mois plus tard, ils publient une nouvelle encyclique, qui contient un « règlement pour servir au rétablissement de l'Église gallicane ». On y proclame que le gouvernement de la République chrétienne n'est pas monarchique : l'autorité certaine est celle du corps des évêques, successeurs des apôtres. On s'y déclare attaché aux quatre articles de 1682, et on convoque un Concile national pour le 1er mai 1796.

Cette Église constitutionnelle est donc ressuscitée. Elle vit. Mais elle est pauvre ; elle ne trouve pas, aussi aisément que le clergé réfractaire, des chapelles et des maisons. Quand le général Hoche, en Bretagne, invite l'évêque constitutionnel Lecoz à aller prêcher les campagnards, celui-ci lui répond : « Où les assemblerai-je, s'ils n'ont point de temples ? »

Ce fut bientôt mouvement général et çà et là un cri populaire pour redemander les églises.

III. — Le 11 prairial an III, au nom des Comités de gouvernement, Lanjuinais fit un rapport où il présenta la restitution des églises aux fidèles comme un moyen de ramener les esprits à la République. Il dit que « l'impossibilité de surveiller les rassemblements en chambre, l'extrême facilité d'y exciter le fanatisme et la rébellion devaient seules engager la Convention à permettre l'usage des temples ». Mais il demanda que les ministres du culte fissent une déclaration de soumission aux lois de la République. Un décret conforme fut voté, séance tenante. Il accordait provisoirement, aux citoyens, le libre usage des églises non aliénées, à charge de les entretenir et de les réparer. « Lorsque des citoyens de la même commune ou section de commune exerceront des cultes différents ou prétendus tels, et qu'ils réclameront concurremment l'usage du même local, il leur sera commun, et les municipalités, sous la surveillance des corps administratifs, fixeront pour chaque culte les jours et heures les plus convenables, ainsi que les moyens de maintenir la décence et d'entretenir la paix et la concorde. Une amende de mille livres punira les ministres qui exerceraient sans avoir fait une déclaration de soumission aux lois de la République. »

Ce décret du 11 prairial avait rendu au culte, à Paris, douze églises, à savoir une par arrondissement. Ce nombre fut ensuite porté à quinze. Le

24 thermidor (11 août 1795), les clefs de Notre-Dame furent remises à une « Société catholique », composée de Grégoire, Agier, Royer, Saurine et divers membres du clergé ci-devant constitutionnel. Cette Société y célébra, quatre jours plus tard, la fête de l'Assomption, et, après avoir quelque temps partagé l'église avec les théophilanthropes, y exerça le culte jusqu'au Concordat, à la suite duquel Bonaparte la mit à la porte. Dans les départements, des sociétés analogues s'organisèrent en beaucoup d'endroits.

Le 26 prairial an III, une circulaire du Comité de législation fit connaître que la déclaration de soumission aux lois de la République ne portait pas sur le passé, qu'il n'y avait plus de Constitution civile du clergé, et que, par conséquent, les églises seraient aussi bien rendues à ceux qui n'avaient pas juré cette Constitution qu'à ceux qui l'avaient jurée.

Dans quelle mesure le clergé réfractaire profita-t-il de la permission ? Les détails nous manquent. Il est peu probable que, dans l'état des esprits, il ait pu obtenir beaucoup de temples et en jouir, surtout étant donné qu'il répugnait à la cohabitation. Il se contenta sans doute, presque partout, des mêmes chapelles et des mêmes maisons que par le passé. Mais il se montra au grand jour, et afficha le zèle qu'autorisait la loi nouvelle. Ce clergé fidèle au pape avait plutôt les sympathies populaires, surtout dans les campagnes, non à cause de cette fidélité, mais parce que c'était l'ancien clergé.

tandis que l'ex-clergé constitutionnel avait plutôt pour clientèle la bourgeoisie et les habitants des villes, je veux dire une partie de cette bourgeoisie, une partie de ces habitants.

La renaissance de la religion catholique fut favorisée par cette rivalité même des deux sectes, et, sous les auspices des gallicans et des ultramontains, une grande partie de la nation revint alors aux habitudes cultuelles.

Les protestants avaient repris leur culte, au moins à Paris, peu après la chute de Robespierre. Dès que le pasteur Marron eut été remis en liberté, il officia au temple Saint-Louis. La clientèle protestante s'étant accrue sous la Révolution, le Consistoire loua bientôt une autre église, qui dépendait de l'ex-couvent de la Visitation des Filles Sainte-Marie.

IV. — Le 7 vendémiaire an IV (29 septembre 1795), la Convention vota une grande loi de police générale des cultes, où les lois précédentes étaient fondues en une seule.

Cette loi proclame à nouveau le principe de la liberté et de la séparation. Elle fixe la formule de soumission : « Je reconnais que l'universalité des citoyens français est le souverain, et je promets soumission et obéissance aux lois de la République. » Des garanties sont établies contre tout culte qui tenterait de devenir exclusif ou dominant. Aucune cérémonie ne peut avoir lieu hors des églises accordées, sauf dans les maisons particulières, pourvu

qu'il ne s'y réunisse pas plus de dix assistants.
(Cette clause était dirigée contre le clergé réfractaire, suspect de manœuvres contre-révolutionnaires dans les rassemblements de fidèles.) Les principales autres mesures de police étaient : 1º défense
de publier aucun écrit émané d'un ministre du
culte résidant hors de France ; 2º gêne à perpétuité contre tout ministre qui provoquerait au
rétablissement de la royauté ou à des actes de
contre-révolution ; 3º deux ans de prison au ministre qui parlerait contre la vente des biens nationaux.

Loi de circonstance, rendue au lendemain d'une
guerre civile, loi de police, mais aussi, et surtout,
loi de liberté.

Elle permit une générale renaissance de ce catholicisme, qui, à un moment, avait paru éteint par la
violence, dans un peuple où il y avait une minorité
incrédule, une autre minorité croyante, et une
masse indifférente.

L'ancien clergé constitutionnel usa de la liberté
nouvelle en adhérant à cette République qui
avait rouvert les églises. Le clergé réfractaire en
profita aussi, mais souvent pour prêcher la révolte.
Les prêtres émigrés rentrèrent en foule. C'est pourquoi, le 3 brumaire an IV, la Convention ordonna
l'exécution dans les vingt-quatre heures des lois
portées en 1792 et en 1793 contre les prêtres sujets
à la déportation et à la réclusion, en même temps
qu'elle annulait ceux des arrêtés de ses Comités
et des représentants en mission qui pouvaient

être contraires à ces lois. Elle frappait des séditieux, non comme prêtres, mais comme citoyens. Elle maintenait la liberté religieuse pour tous ceux qui se soumettaient aux lois.

Ainsi fut institué le régime que nous appelons Séparation des Églises et de l'État, et fut défini en ces termes par la Constitution de l'an III, article 354 : « Nul ne peut être empêché d'exercer, en se conformant aux lois, le culte qu'il a choisi. Nul ne peut être forcé de contribuer aux dépenses d'un culte. La République n'en salarie aucun. » Ce régime dura jusqu'à la mise en pratique du Concordat, en 1802, c'est-à-dire pendant sept années.

J'ai esquissé ailleurs (dans mon *Histoire politique de la Révolution*, dans mes *Etudes et leçons*) l'histoire de ces sept années de Séparation des Églises et de l'État. Beaucoup d'historiens n'y ont vu et n'y montrent que les persécutions exercées par le Directoire exécutif, qui fut plus « anticlérical » que la Convention, et c'est un fait célèbre que ce Directoire déporta, surtout après son coup d'État du 18 fructidor an V, des quantités de prêtres réfractaires, suspects de contre-révolution.

Mais le régime fonctionna. Il y eut toute la liberté compatible avec les circonstances et les passions, dans un pays qui venait d'être ensanglanté par la guerre étrangère et par une guerre civile qui n'était pas encore complètement éteinte. Les cultes coexistèrent, de mauvaise grâce, en se querellant parfois, mais enfin ils coexistèrent. La vie religieuse pullula dans le peuple, et la vie philosophique fut florissante dans l'élite. Il n'y eut pas de religion dominante, et aucune secte ne parvint à tyranniser. Justes ou injustes, légales ou dictatoriales, les rigueurs du Directoire envers la plus considérable de ces sectes, la papiste, en empêchèrent la prépondérance, et une sorte d'équilibre religieux s'établit, sous l'indépendance supérieure de l'État.

V. — Voici un aperçu sommaire des sectes religieuses et aussi des groupements philosophiques, rationalistes, dans ce régime de la Séparation.

La réorganisation du culte catholique, dans ses deux sectes, s'acheva assez vite. On lit dans les *Annales de la Religion* du 6 messidor an VI : « Au commencement de vendémiaire dernier, c'est-à-dire à la fin de septembre (1797), on a fait, dans les bureaux du ministère des Finances, le relevé de toutes les communes qui avaient repris l'exercice public de leur culte. On en comptait déjà, il y a neuf mois, 31.214 ; de plus, 4.511 étaient en réclamation pour l'obtenir ; enfin, dans cet état, il n'était pas question de Paris ; les grandes communes n'étaient comptées que pour une église. Voilà bien à peu près nos 40.000 anciennes paroisses. »

Ainsi, deux ans après la Séparation, le catholicisme était généralement restauré en France.

Nous voyons qu'il y a, alors, une quantité d'églises rouvertes, presque toutes les églises paroissiales. Il faudrait savoir si elles furent fréquentées

par autant de fidèles qu'avant la tentative de déchristianisation. Je ne le crois pas, mais il n'y a
aucune statistique. On peut dire toutefois qu'il est
maintenant admis par la loi et par les mœurs
officielles qu'on peut vivre sans religion. Il est même
sûr qu'une incrédulité philosophique est à la mode
dans les milieux gouvernementaux, et que cette
mode est propagée par presque toute la presse de
gauche. Il y a donc certainement des gens qui allaient
à la messe avant 1793, et qui n'y vont plus, c'est-à-
dire beaucoup de patriotes militants, surtout dans
les villes. On a vu, d'autre part, par l'exemple du
département de la Sarthe, que quelques paysans,
qui ne fréquentaient plus les églises à la fin de l'ancien régime, se remirent à y aller, quand elles furent
rouvertes, peut-être moins par retour à la foi que
par protestation politique, ou par la contagion
de l'exemple. Leur nombre ne fut sans doute pas
assez grand pour compenser l'abstention des libres-
penseurs enhardis par les nouvelles lois et les nouvelles mœurs.

Dans cette quantité de paroisses rouvertes, quelle
était la proportion des papistes et des non-papistes ?
Dans quel rapport numérique étaient les deux
sectes catholiques ?

Pour les fidèles, nul dénombrement n'est possible. Mais tous les indices montrent que la clientèle des réfractaires était beaucoup plus considérable que celle des constitutionnels. Cependant les
fidèles et les ministres de cette Église gallicane
créée par la Constituante, et devenue une Église

non officielle, étaient encore assez nombreux pour que ce schisme fût toujours redoutable à l'Église romaine. Nous n'avons de chiffres que pour l'épiscopat. Un rapport de Grégoire nous apprend qu'en l'an V, des 83 évêques élus ou maintenus en 1790, il en restait 41. Sur les 42 manquants, 9 étaient mariés et, comme tels, rejetés, 6 démissionnaires, 6 n'avaient pas repris leurs fonctions, 8 avaient été guillotinés, 13 étaient morts de mort naturelle. Mais les fidèles avaient pourvu à 3 des sièges vacants : Colmar, Versailles, Saint-Omer. La majorité des sièges épiscopaux étant donc occupée, on peut dire que l'Église constitutionnelle se trouvait réorganisée.

Au début, le « vaisseau de la République » et celui de cette Église avaient marché de conserve, comme l'avait prédit Grégoire. Mais cet accord ne dura pas. La question du mariage des prêtres, sur laquelle l'Église constitutionnelle se montra inflexible, et surtout la question de l'observation du décadi, sur laquelle ladite Église se montra presque aussi intraitable, refroidit les relations avec l'État, et ce refroidissement devint presque une brouille après le coup d'État du 18 fructidor an V.

Cette brouille, ou demi-brouille, ne cacha pas au Directoire l'utilité politique de protéger des schismatiques contre le pape, et il leur permit de tenir des assemblées synodales et un concile national. Ce concile, d'abord annoncé pour le 1er mai 1796, se tint à Paris, à Notre-Dame, du

15 août 1797 au 12 novembre suivant. Il protesta qu'il n'avait pas voulu faire de schisme. Il proposa au pape une transaction, sous le nom de « décret de pacification ». Le pape fit la sourde oreille. Cette attitude conciliante de l'Église constitutionnelle nous donne à croire qu'elle ne se sentait pas en voie de progrès dans le peuple français, qu'elle ne voyait pas s'accroître le nombre de ses fidèles. Mais elle existait, elle avait de la force, elle faisait grande figure, elle empêchait l'Église romaine de redevenir dominante.

L'Église catholique papiste avait, elle aussi, perdu beaucoup de ses évêques. Il en était mort 41. Ils n'avaient pas tous émigré, comme on le dit parfois ; 11 n'avaient jamais quitté la France : ceux de Troyes, de Chalon-sur-Saône, de Marseille, d'Angers, de Séez, de Senlis, d'Alais, de Saint-Papoul, de Lectoure, de Mâcon, de Sarlat. Parmi les émigrés, il en est au moins un, d'Aviau, archevêque de Vienne, qui rentra en France sous le Directoire. Quelques évêques absents tâchaient d'administrer de loin. Dans une partie des diocèses vacants par la mort du titulaire (et Louis XVIII, alors, ne pourvut à aucune vacance, du fond de son exil), il y eut des vicaires apostoliques. Mais nous n'avons pas d'éléments pour une statistique, même approximative, des diocèses d'ancien régime qui furent réorganisés. Quant aux curés et vicaires réfractaires, malgré les emprisonnements et les déportations, c'est un grand nombre qu'on les vit exercer leur ministère.

Le culte catholique romain, quand le régime de la Séparation fut entré dans les mœurs, se montra en somme très florissant, si on en juge par Paris : car c'est surtout sur Paris que nous avons des renseignements. Au moment des fêtes de Pâques d'avril 1797 (germinal an V), si on en croit un des ministres de ce culte, l'abbé de Boulogne, les offices romains furent célébrés à Paris dans une cinquantaine d'églises ou de chapelles. Après le 18 fructidor, le gouvernement ferma des chapelles et des oratoires. Mais le clergé papiste put célébrer en toute liberté son culte, et avec affluence de fidèles, dans les huit églises parisiennes : Saint-Gervais, Saint-Thomas d'Aquin, Saint-Philippe-du-Roule, Saint-Laurent, Saint-Eustache, Saint-Jacques-du-Haut-Pas, Saint-Roch, Saint-Nicolas-des-Champs. Il fallait seulement que les ministres du culte eussent prêté un nouveau serment, celui de haine à la royauté et à l'anarchie. Une partie du clergé réfractaire, sous l'influence de l'abbé Émery, avait fait la précédente déclaration de soumission, et les mêmes, ou à peu près, prêtèrent le serment républicain. Ceux, fort nombreux, qui, ne l'ayant pas prêté, voulurent néanmoins exercer leurs fonctions, furent arrêtés.

Les autres chrétiens, les deux sectes protestantes, réformés, luthériens, ne firent pour ainsi dire pas parler d'eux pendant le régime de la Séparation. Il en fut de même des israélites. Soumis aux lois, les protestants et les juifs se bornèrent à jouir silencieusement de la liberté obtenue par eux après des siècles de persécution. Le gouvernement semble n'avoir eu à s'occuper ni des uns ni des autres.

Quant aux groupements philosophiques, rationalistes, ils procèdent de l'idée et du mouvement de déchristianisation, et ils ont l'appui du gouvernement.

C'est la pensée du Directoire, au moins à de certains moments, que son rôle n'est pas seulement d'être arbitre supérieur dans la libre concurrence des Églises. Il a un parti-pris philosophique et politique contre l'Église catholique romaine. L'expression la plus nette de son dessein se trouve dans sa lettre au général Bonaparte, commandant de l'armée d'Italie, lettre datée du 13 pluviôse an V, et signée de La Revellière-Lepeaux, Barras et Reubell. Ils lui disent que « la religion romaine sera toujours l'ennemie irréconciliable de la République ». Il faut la frapper en France, il faut la frapper à Rome : « Il est sans doute, disent-ils, des moyens à employer dans l'intérieur pour anéantir insensiblement son influence, soit par des voies législatives, soit par des institutions qui effaceraient les anciennes impressions en leur substituant des impressions nouvelles plus analogues à l'ordre de choses actuel, plus conformes à la raison et à la saine morale. Mais il est un point non moins essentiel peut-être pour parvenir à ce but désiré : c'est de détruire, s'il est possible, le centre d'unité de l'Église romaine, et c'est à vous, qui avez su réunir les qualités les plus distinguées du général à celles d'un politique éclairé, à réaliser ce vœu, si vous le jugez praticable. »

C'était le moment où les victoires de l'armée d'Italie semblaient mettre le pape à la merci du gouvernement français.

A l'intérieur, la politique du Directoire tendit à éliminer peu à peu la religion révélée de la conscience nationale en faisant l'éducation de cette conscience, non seulement par un système laïque d'instruction publique, mais par une organisation de fêtes civiques, dans la forme du culte décadaire, qui serait une religion nationale, comme le culte de l'Etre suprême, mais dans la liberté et la concurrence des cultes privés.

La Convention, avant de se séparer, avait organisé des fêtes à célébrer chaque décadi. Elles furent célébrées avec assez de pompe avant le 18 fructidor ; mais c'est seulement après ce coup d'État que le culte décadaire fut organisé avec un caractère d'obligation, avec le caractère de religion d'État qu'avait le culte de l'Etre suprême. C'est toujours le patriotisme à forme religieuse, dont les autels s'étaient spontanément dressés en 1790, dans le mouvement populaire des fédérations ; le mouvement s'était refroidi quand la patrie eut cessé d'être en danger ; c'est ce mouvement que le Directoire essaie de restaurer, surtout pour faire échec au catholicisme.

Un des moyens, ce furent des arrêtés et des lois pour la stricte observation du calendrier républicain, qui devait être absolument exclusif de l'ancien calendrier, du calendrier chrétien, — qu'il fut sévèrement défendu de rappeler ou d'employer concurremment avec l'autre. Le décadi reçut tous les privilèges du dimanche, qu'il fut interdit de chômer d'une façon quelconque.

Quant aux fêtes civiques, dans chaque canton, chaque décadi, selon la loi du 13 fructidor an VI, devant l'autel de la patrie, dressé généralement dans l'église paroissiale, ou « dans tout lieu destiné à la réunion des citoyens », l'administration muni-cipale, le commissaire du Directoire et le secrétaire, en costume officiel, devaient donner lecture de lois et actes de l'autorité, d'un « Bulletin décadaire des affaires générales de la République », contenant aussi des traits de civisme et de vertu, des articles instructifs sur l'agriculture et les arts mécaniques. La célébration des mariages n'aurait lieu que le décadi, dans le même local. Les instituteurs et insti-tutrices d'écoles, soit publiques, soit particulières, étaient tenus d'y conduire régulièrement leurs élèves. Chaque jour de réunion décadaire serait en outre célébré par des jeux et des exercices gymniques.

Dans la pratique, et quoiqu'il y mît un zèle obstiné, le Directoire eut beaucoup de mal à im-poser la célébration du décadi. Les anciens consti-tutionnels y montrèrent presque autant de répu-gnance que le clergé papiste, et, s'ils se soumirent çà et là, ce ne fut pas de bon cœur. La querelle entre M. Dimanche et le citoyen Décadi, comme disaient les pamphlets, n'aboutit à la victoire complète ni de l'un ni de l'autre. Les paysans avaient l'habitude du dimanche, et y tenaient, encore plus peut-être que leurs prêtres. Il ne semble pas qu'on ait pu obtenir, dans la France rurale, une générale substitution du repos du décadi au repos du dimanche. Il arriva qu'en beaucoup d'endroits les paysans observèrent le décadi sans cesser d'observer le dimanche.

Dans les églises paroissiales, le culte décadaire cohabita souvent avec les autres cultes. Ainsi l'administration centrale de la Seine arrêta (2e jour complémentaire an VI) que chacune des douze municipalités de Paris célèbrerait les décades dans une des quinze églises remises à l'usage des citoyens. L'exercice des autres cultes devait y cesser le décadi à huit heures et demie du matin, et ne pourrait reprendre qu'après la fin de la cérémonie décadaire. Les signes de tout autre culte devaient, pendant la célébration du culte décadaire, être enlevés ou voilés. Dans les édifices, le culte décadaire eut le caractère d'un culte dominant, et on ôta même aux églises, dans quelques villes, leurs noms chrétiens. Ainsi, par un arrêté de l'administration centrale de la Seine du 22 vendémiaire an VI, Saint-Philippe-du-Roule devint temple de la Concorde ; Saint-Roch, temple du Génie ; Saint-Eustache, temple de l'Agriculture ; Saint-Germain-l'Auxerrois, temple de la Reconnaissance ; Saint-Laurent, temple de la Vieillesse ; Saint-Nicolas-des Champs, temple de l'Hymen ; Saint-Merry, temple du Commerce ; Sainte-Marguerite, temple

de la Liberté et de l'Égalité ; Saint-Gervais, temple
de la Jeunesse ; Notre-Dame, temple de l'Etre
suprême ; Saint-Thomas d'Aquin, temple de la
Paix ; Saint-Sulpice, temple de la Victoire ;
Saint-Jacques-du-Haut-Pas, temple de la Bienfaisance ; Saint-Médard, temple du Travail ;
Saint-Étienne-du-Mont, temple de la Piété filiale.
Ce fut une déchristianisation extérieure des
églises, qui laissa le public au moins indifférent ;
car il n'y a point trace d'aucune protestation
collective.

En général, les fêtes décadaires furent célébrées
avec plus de curiosité que d'enthousiasme. L'affluence y fut médiocre, sauf aux mariages, dont la
cérémonie gratuite fit, en quelques endroits, tort
au culte catholique. Ainsi, à la fin de vendémiaire
an VII, le commissaire du Directoire près l'administration centrale de la Seine note que, dans le
canton de Pierrefitte, « la solennité décadaire imposa tellement aux habitants que les mariages
célébrés selon le nouveau mode ne sont plus soumis
au visa du curé ».

Cette religion civile, cette religion du patriotisme,
officiellement imposée, et pâle reflet de celle de
l'Etre suprême, ne fut pas populaire. Ses cérémonies, toutes froides qu'elles fussent, étaient cependant entrées dans les mœurs, au moins à Paris. Cet
autel laïque de la patrie, érigé dans les églises, rappelait la grande tentative de déchristianisation. Il
était, quand Bonaparte le supprima en 1802, un des
signes visibles de la laïcité, un signe symbolique,

un signe suggestif, l'expression officielle d'une philosophie d'État.

Un autre reflet ou suite du culte de l'Être suprême, ce fut la théophilanthropie, fondée par quelques particuliers, bourgeois lettrés, en nivôse an V, à Paris. C'est la « religion naturelle », pas tout à fait celle de Rousseau et de Robespierre, christianisme épuré ou primitif, plutôt celle de Voltaire et des libres-penseurs anglais, antérieure et supérieure au christianisme. Ce sont des déistes, mais fort tolérants, au point d'admettre un athée comme Sylvain Maréchal. Point de révélation ni de dogmes mystiques. Leur culte, c'est de s'assembler, soit dans la famille, soit dans le temple, pour s'encourager à pratiquer la morale. Pas de pompe. Quelques inscriptions morales, un autel simple, avec des fleurs ou des fruits. On chante des hymnes, on honore les héros de l'humanité, Socrate, saint Vincent de Paul, Jean-Jacques Rousseau, Washington.

Fondé par le libraire Chemin, protégé par le directeur La Revellière-Lepeaux, ce culte, nullement populaire, groupa une nombreuse élite d'hommes politiques, de littérateurs, d'artistes, comme Dupont (de Nemours), Bernardin de Saint-Pierre, Marie-Joseph Chénier, Andrieux, le peintre David.

Les théophilanthropes obtinrent à Paris la jouissance de dix-huit églises ou chapelles. Le Directoire leur paya les frais de leur installation à Notre-Dame. Le ministre de l'Intérieur envoya en franchise, sous son seing, le *Manuel* de Chemin dans les départements. Bientôt le jury d'instruction approuva officiellement le catéchisme des théophilanthropes, qui fut ainsi un livre classique. La théophilanthropie ne devint cependant pas une religion d'État, comme le culte décadaire, quoique la motion en eût été faite au Conseil des Cinq-Cents, le 9 fructidor an V. Religion d'une aristocratie d'intelligence, elle ne recruta pas une large clientèle. Mais elle subsistait, elle avait des fidèles, elle était un des obstacles à la prépondérance dominatrice du catholicisme romain, quand Bonaparte l'abolit en 1802.

A côté ou au-dessus de ces cultes rationalistes, la libre-pensée avait comme une organisation officielle, dans le sein de l'Institut national, dont la classe des sciences morales et politiques groupait les plus influents des libres-penseurs d'alors, Volney, Garat, Ginguené, Cabanis, Lakanal, Naigeon. Ils avaient pour organe une importante revue périodique, *la Décade philosophique*. De ce centre élevé rayonnait un esprit philosophique, anti-chrétien, mais tout pacifique, sans appel à la violence.

VI. — Voilà, en abrégé, le tableau des organisations religieuses et philosophiques, sous le régime de la Séparation des Églises et de l'État.

Si le Directoire n'avait pas réalisé son dessein, tantôt secret, tantôt avoué, de détruire la religion catholique, il avait par sa politique popularisé

l'idée de l'État laïque, fortifié le caractère laïque
que l'État avait déjà revêtu constitutionnellement.
Il veilla à ce que l'instruction publique n'eût
d'autre base que le rationalisme. Dans une circulaire aux professeurs des écoles centrales, 17 vendémiaire an VII, le ministre de l'Intérieur Fran-
çois de Neufchâteau leur enjoignait d'écarter de
leur enseignement « tout ce qui appartient aux dogmes et aux rites des cultes ou sectes quelconques ».
On ne doit enseigner que « la morale universelle ».
Après le 18 fructidor, le Directoire imposa aux can-
didats aux fonctions publiques l'obligation d'avoir
fréquenté les écoles de l'État. Il organisa une
inspection sévère des écoles libres, de manière à fermer toutes celles dont l'enseignement ne serait
pas fondé sur les principes rationalistes de la Révolution française.

Tel est le régime politico-religieux que Bonaparte
détruisit, en 1802, après avoir conclu un concordat
avec le pape Pie VII.

On a dit souvent qu'il releva les autels. Non :
ils étaient relevés partout, et il y avait une florai-
son de vie religieuse, comme de vie philosophique.
Au contraire, il renversa des autels, ceux de l'Église
constitutionnelle, ceux du culte décadaire, ceux
de la théophilanthropie. Ce groupement de libres-
penseurs à l'Institut, il le brisa en supprimant
la classe des sciences morales, dont les membres
furent répartis dans les autres classes. Cette laïcité
de l'État, que le Directoire avait si fortement
instituée, Bonaparte l'altéra au profit de l'Église

romaine. Il fortifia cette Église en faisant cesser
le schisme des constitutionnels. Il discrédita la
libre-pensée militante, et la rendit presque inoffen-
sive. En fait, il rétablit l'Église romaine dans sa
situation dominante, non certes par piété, mais par
politique. Il s'imaginait qu'il dominerait lui-même
le pape, et que, par le pape, il dominerait les
consciences.

TABLE DES MATIÈRES

ACHEVÉ D'IMPRIMER
POUR F. RIEDER ET Cⁱᵉ
EN FÉVRIER 1925 PAR LA
SOCIÉTÉ ANONYME DE
GRAVURE ET D'IMPRES-
SION D'ART A CACHAN.

F. RIEDER ET Cie, ÉDITEURS—PARIS

CHRISTIANISME

PARU

A. HOUTIN. — *COURTE HISTOIRE DU CHRISTIANISME.* — *Un volume in-16, broché : 4.50.*

ALAIN. — *PROPOS SUR LE CHRISTIANISME.* — *Un volume in-16, broché : 6 fr.*

P.-L. COUCHOUD. — *LE MYSTÈRE DE JÉSUS.* — *Un volume in-16, broché : 6.50.*

TH. ZIELINSKI. — *LA SIBYLLE.* — *TROIS ESSAIS SUR LA RELIGION ANTIQUE ET LE CHRISTIANISME. Un volume in-16, broché : 4.50.*

H. DELAFOSSE. — *LE QUATRIÈME ÉVANGILE.* — *TRADUCTION NOUVELLE AVEC PRÉFACE, NOTES ET COMMENTAIRES. Un volume in-16, broché : 7.50.*

JOSEPH DE MAISTRE. — *LA FRANC-MAÇONNERIE.* — *MÉMOIRE INÉDIT AU DUC DE BRUNSWICK, PUBLIÉ AVEC INTRODUCTION ET NOTES PAR ÉMILE DERMENGHEM.* — *Un volume in-16, broché : 5 fr.*

A. AULARD. — *LE CHRISTIANISME ET LA RÉVOLUTION FRANÇAISE.* — *Un volume in-16, broché : 6.50.*

A PARAITRE

A. LOISY. — *LES ACTES DES APOTRES.* — *TRADUCTION NOUVELLE AVEC PRÉFACE, NOTES ET COMMENTAIRES.*

L. COULANGE. — *LA VIERGE MARIE.*

MIGUEL DE UNAMUNO. — *L'AGONIE DU CHRISTIANISME.* — *TRADUIT DE L'ESPAGNOL PAR JEAN CASSOU.*

F. RIEDER ET Cie, ÉDITEURS -